电力规划设计总院
Electric Power Planning & Engineering Institute

火电工程限额设计参考造价指标

（2022 年水平）

电力规划设计总院　编

中国电力出版社
CHINA ELECTRIC POWER PRESS

内 容 提 要

根据我国电力工程技术发展的需要，电力规划设计总院受国家能源局委托在2021年水平限额设计参考造价指标基础上，依据2022年度火电工程初步设计及施工图资料，采用国家能源局2019年11月发布的《火力发电工程建设预算编制与计算规定》《电力建设工程概算定额》（2018年版）以及2022年设备、材料（北京地区）价格，编制了2022年水平常规燃煤火力发电厂工程限额设计参考造价指标及2021～2022结算性造价指数、400MW等级及600MW等级的燃气—蒸汽联合循环发电机组的参考造价和垃圾电站、光伏、风电工程的工程案例，它反映了2022年火电工程基本建设的造价水平及2021～2022年造价变化情况，同时根据工程实际情况在2021年限额设计参考造价指标的基础上对部分技术条件做了调整，并对参考电价做了调整。

本书供相关项目投资、设备招标、设计、管理人员参考使用。

图书在版编目（CIP）数据

火电工程限额设计参考造价指标. 2022年水平 / 电力规划设计总院编. —北京：中国电力出版社，2023.7
ISBN 978-7-5198-7895-5

Ⅰ. ①火… Ⅱ. ①电… Ⅲ. ①火力发电–电力工程–预算定额–中国 Ⅳ. ①F426.61

中国国家版本馆CIP数据核字（2023）第099845号

出版发行：中国电力出版社
地　　址：北京市东城区北京站西街19号（邮政编码100005）
网　　址：http://www.cepp.sgcc.com.cn
责任编辑：匡　野（010-63412786）
责任校对：黄　蓓　常燕昆
装帧设计：赵姗姗
责任印制：石　雷

印　　刷：三河市百盛印装有限公司
版　　次：2023年7月第一版
印　　次：2023年7月北京第一次印刷
开　　本：850毫米×1168毫米　32开本
印　　张：10.625
字　　数：255千字
印　　数：0001—2000册
定　　价：120.00元

关于印发《火电工程限额设计参考造价指标》(2022 年水平)及《电网工程限额设计控制指标》(2022 年水平)的通知

电规科技〔2023〕10 号

各有关单位:

受国家能源局委托,电力规划设计总院组织编制完成了 2022 年水平的限额设计指标。根据目前工程造价控制的实际需要,指标按《火电工程限额设计参考造价指标》和《电网工程限额设计控制指标》两册分别出版。

本次编制工作对基本方案作了部分设计优化,完善了模块的设置,根据《电力建设工程概算定额》(2018 年版)及《电网工程建设预算编制与计算规定》、《火力发电工程建设预算编制与计算规定》(2018 年版),结合施工图工程量,对原有指标进行了调整,在设备材料价格选取方面体现了从严控制的原则,总体造价更加贴近市场水平。

2022 年水平限额指标编制完成后,经过广泛征求意见和专家评审,并向国家能源局进行了汇报,现印发实施。如在执行中遇到问题,请及时告知电力规划设计总院。

附件：1. 火电工程限额设计参考造价指标（2022 年水平）（另发）

2. 电网工程限额设计控制指标（2022 年水平）（另发）

电力规划设计总院（印）

2023 年 6 月 7 日

总　说　明

根据我国电力工程技术发展的需要，电力规划设计总院受国家能源局委托在2021年水平限额设计参考造价指标基础上，依据2022年度火电工程初步设计及施工图资料，采用国家能源局2019年11月发布的《火力发电工程建设预算编制与计算规定》《电力建设工程概算定额》（2018年版）以及2022年设备、材料（北京地区）价格，编制了2022年水平常规燃煤火力发电厂工程限额设计参考造价指标及2021～2022结算性造价指数、400MW等级及600MW等级的燃气－蒸汽联合循环发电机组的参考造价和垃圾电站、光伏、风电工程的工程案例，它反映了2022年火电工程基本建设的造价水平及2021～2022年造价变化情况，同时根据工程实际情况在2021年限额设计参考造价指标的基础上对部分技术条件做了调整，并对参考电价做了调整。

其主要作用是：

（1）作为动态管理的依据；

（2）作为设计部门编制可行性研究报告投资估算、初步设计概算及进行对比分析的参考；

（3）作为政府主管部门核准项目投资的参考；

（4）作为各发电公司编制宏观规划的参考资料；

（5）作为项目法人控制工程投资的参考。

本参考造价指标适用于300MW级、600MW级、1000MW级燃煤机组、400MW级和600MW级的燃气－蒸汽联合循环发电机组新建、扩建工程项目。当工程的技术条件与基本方案不同时，应根据调整指标、主要厂址条件等做修正，并考虑地区调整因素。

目　录

一、2×350MW 超临界燃煤机组火电工程限额设计参考造价指标及调整模块

（一）编制说明

1. 主要编制依据

（1）主要设备价格以中国电能成套设备有限公司提供的资料为基础，并综合考虑各发电集团公司意见，同时参照实际工程招标情况作了部分修正。

（2）建筑、安装工程主要材料价格采用北京地区 2022 年价格，其中安装材料的实际价格以电力建设工程装置性材料价格资料为基础，并结合 2022 年实际工程招标价格作了综合测算。人工工资、定额材料机械调整执行电力工程造价与定额管理总站《关于发布发 2018 版电力建设工程概预算定额 2022 年度价格水平调整的通知》（定额〔2023〕1 号）。

（3）定额采用国家能源局 2019 年 11 月发布的《电力建设工程概算定额》（2018 年版），部分项目采用《北京市建筑工程概算定额》。

（4）费用标准按照 2019 年 11 月国家能源局发布的《火力发电工程建设预算编制与计算规定》，其他政策文件依照惯例使用至 2022 年年底止。

（5）国产机组造价内已含少量必要的进口设备、材料费用，进口汇率按 1USD＝6.8854RMB，其相应的进口费用已

计入设备材料费中，其中的关税按《中华人民共和国进出口关税条例》中的优惠税率计。

（6）抗震设防烈度按 7 度考虑。

（7）本指标价格只计算到静态投资，基本预备费率为 3%。

2. 编制范围

本指标不包括下列内容：

（1）灰渣综合利用项目（指厂外项目）；

（2）厂外光纤通信工程；

（3）地方性的收费；

（4）项目融资工程的融资费用；

（5）价差预备费；

（6）建设期贷款利息。

3. 基本技术组合方案说明

与 2021 年水平相比，辅助及附属建筑物建筑面积、监控视频点数、钢结构防火范围进行了调整。

4. 费用变化说明

取价原则变化，价格水平贴近市场，采用中等偏低价格。

5. 调整指标及模块有关说明

与 2021 年水平相比，模块未作调整。

每个模块列出的明细表仅为该模块各方案间有差异的主要内容，模块方案造价不只包含明细表中列出的内容，模块造价为静态投资，含模块界限内的建筑、设备、安装费用，不含其他费用、材料价差（烟风煤管道、高压汽水管道、中低压管道价差，以及烟囱和主厂房结构模块的建筑材料价差除外）及基本预备费，脱硫及脱硝模块为完整的静态投资（含材差、其他费用及基本预备费），模块各方案造价的边界一致，可以互换，个别模块需要与其他模块联合使用。若现有调整模块不能覆盖实际工程的技术条件时，造价分析时可根据工程实际情况自行调整。

（二）2×350MW 机组参考造价指标

（单位：元/kW）

机组容量			2022 年
350MW 超临界供热	两台机组	新建	4437
		扩建	3786

（三）各类费用占指标的比例

（单位：%）

机组容量	建筑工程费用	设备购置费用	安装工程费用	其他费用	合计
2×350MW 超临界供热	28.21	39.42	17.68	14.69	100

（四）2×350MW 机组新建工程其他费用汇总表

序号	工程或费用名称	2022 年
一	建设场地占用及清理费	8581
二	项目建设管理费	8411
三	项目建设技术服务费	10357
四	整套启动试运费	3944
五	生产准备费	3468
六	大件运输措施费	200
合计		**34961**

注　不含基本预备费，不含脱硫、脱硝装置系统的其他费用。

（五）2×350MW 机组新建工程主要参考工程量

序号	项目名称	单位	2022 年
一	主厂房体积	m^3	293878
1	汽机房体积	m^3	141711
2	除氧煤仓间体积	m^3	63949
3	炉前封闭体积	m^3	9798
4	锅炉运转层以下封闭体积	m^3	45128
5	集控楼体积	m^3	16323
6	热网加热站体积	m^3	16969
二	热力系统汽水管道,其中:	t	1820
1	高压管道	t	810
（1）	主蒸汽管道	t	240
（2）	再热蒸汽（热段）	t	234
（3）	再热蒸汽（冷段）	t	150
（4）	主给水管道	t	186
2	中低压管道	t	1010
三	烟风煤管道	t	1860
四	热网系统管道	t	650
五	热力系统保温油漆（含炉墙保温）	m^3	11603
六	全厂电缆，其中:	km	1317
1	电力电缆	km	248
2	控制电缆	km	1069

续表

序号	项目名称	单位	2022 年
七	电缆桥架（含支架）	t	698
八	土建主要工程量		
1	主厂房基础	m^3	3800
2	主厂房框架	m^3	6366
3	主厂房吊车梁	m^3	158
4	钢煤斗	t	457
5	汽机平台	m^2	4427
6	主厂房钢屋架	t	420
九	建筑三材量		
1	钢筋	t	21260
2	型钢	t	9712
3	木材	m^3	386
4	水泥	t	81311
十	厂区占地面积	hm^2	26
十一	施工临时用地面积	hm^2	20

注 1 主厂房体积含集控楼体积，含锅炉运转层以下部分体积。

2 建筑三材量不包括铁路、码头部分。

3 锅炉的本体管道保温按照工程量项目划分原则归入全厂保温油漆的量中。

4 高压管道工程量计算以锅炉 K1 柱外 1m 为界。K1 柱处主汽管道标高为 57.7m，再热冷段管道标高为 38.8m，再热热段管道标高为 67.8m，主给水管道标高为 30.5m。

5 不含脱硫、脱硝装置系统各项工程量。

6 电缆桥架采用镀锌钢材。

（六）建筑材料及征地价格

序号	项目名称	单位	2022 年实际单价（不含税）
一	建筑三材		
1	水泥	元/t	478
2	木材	元/m^3	—
3	钢筋	元/t	4113
4	型钢	元/t	4342
5	钢板	元/t	4236
二	征地		
1	厂区及厂外道路	元/亩	120000
2	灰场	元/亩	70000
三	临时用地	元/（亩·年）	5000

（七）350MW 机组装置性材料实际综合价格

序号	材料名称	单位	2022 年参考单价（不含税）
			超临界
1	主蒸汽管道 P91	元/t	68975
2	再热蒸汽管道（热段 P22/P91）	元/t	73168
3	再热蒸汽管道（冷段）	元/t	25181

续表

序号	材料名称	单位	2022年参考单价（不含税）
			超临界
4	主给水管道（15NiCuMoNb5-6-4）	元/t	40588
5	锅炉排污、疏放水管道	元/t	10411
6	汽机抽汽管道	元/t	24550
7	辅助蒸汽管道	元/t	17832
8	加热器疏水、排气、除氧器溢放水管道	元/t	22673
9	凝汽器抽真空管道	元/t	15811
10	汽轮机本体轴封蒸汽及疏水系统	元/t	12638
11	汽轮发电机组油、氮气、二氧化碳、外部冷却水系统管道	元/t	22714
12	给水泵汽轮机本体系统管道	元/t	23463
13	主厂房循环水、冷却水管道	元/t	10954
14	主厂房内空气管道	元/t	16983
15	中低压给水管道	元/t	22616

续表

序号	材料名称	单位	2022 年参考单价（不含税）
			超临界
16	0 号柴油	元/t	7660
17	烟道	元/t	8354
18	热风道	元/t	9193
19	冷风道	元/t	8506
20	送粉管道	元/t	9751
21	原煤管道	元/t	6504
22	制粉管道	元/t	8221
23	岩棉	元/m^3	400
24	硅酸铝	元/m^3	517
25	微孔硅酸钙	元/m^3	1246
26	超细玻璃棉	元/m^3	687
27	电力电缆 6kV 以上	元/km	261167
28	电力电缆 6kV 以下	元/km	81215
29	电气控制电缆	元/km	12048
30	热控电缆	元/km	10094
31	计算机电缆	元/km	9684
32	补偿电缆（综合价）	元/km	27821
33	共箱母线（铝）	元/m	4405

续表

序号	材料名称	单位	2022年参考单价（不含税）
			超临界
34	共箱母线（交流励磁）（铜）	元/m	4845
35	共箱母线（直流励磁）（铜）	元/m	2945
36	电缆桥架（钢）	元/t	9123
37	电缆支架（钢）	元/t	6664

注　炉墙砌筑材料价格在保温材料中统一体现。

（八）350MW机组设备参考价格

（单位：万元）

序号	设备名称	规格型号	单位	2022年参考价
一、热力系统				
1	锅炉（烟煤）	1100t/h，超临界，不含节油点火装置	台	15200
2	锅炉（褐煤）	1100t/h，超临界，不含节油点火装置	台	16500
3	循环流化床锅炉	1188t/h，超临界，不含节油点火装置	台	19300
4	节油点火装置	等离子点火装置（2层）	套/炉	220

续表

序号	设备名称	规格型号	单位	2022 年参考价
5	节油点火装置	小油枪点火装置	套/炉	110
6	汽轮机	350-24.2/566/566（含DEH），供热	台	7000
7	汽轮发电机	QFSN-350-2 型，含静态励磁	台	4100
8	中速磨煤机	HP-863/MPS-180/ZGM95（含密封风机等）	台	300
9	中速磨煤机	MPS200-HP-Ⅱ型/ZGM113（含密封风机等，配国产减速机），适用于褐煤	台	350
10	双进双出磨煤机	400/660，煤位测量装置进口(含钢球、润滑油、密封风机等)	台	760
11	埋刮板给煤机	MSD63A 型,可调出力15～100t/h，7m 内	台	20
12	电子称重式给煤机	出力 60t/h	台	23
13	送风机（含电机）	动叶可调轴流式 Q=503820m^3/h，900kW	套	85
14	引风机（含电机）	动叶可调轴流式 Q=1236348m^3/h, 3500kW(引风机与增压风机合并)	套	215

续表

序号	设备名称	规格型号	单位	2022年参考价
15	一次风机（含电机）	离心式，Q=271440m^3/h，1000kW	套	75
16	一次风机（含电机）	动叶可调轴流式，Q=271440m^3/h，1300kW	套	115
17	低温省煤器	一级，重量450t	套	620
18	电除尘器	双室五电场（含高频电源），η≥99.84%，2240t	套	2550
19	电除尘器	双室五电场（含高频电源），采用低低温技术，η≥99.92%，2240t	套	2960
20	布袋除尘器	99.95%，出口含尘浓度＜50mg/Nm^3	套/炉	2020
21	电袋除尘器	99.95%，出口含尘浓度＜50mg/Nm^3（含高频电源）	套/炉	2300
22	湿式除尘器	双室一电场（含电源），η≥70%	套/炉	1300
23	50%给水泵小汽机	小汽机和进口蝶阀、MEH等仪表与控制系统	套	410
24	50%汽动给水泵	含前置泵	套	240
25	50%电动给水泵	635m^3/h 22.06MPa，含进口液力耦合器，前置泵等	套	445

续表

序号	设备名称	规格型号	单位	2022年参考价
26	30%电动给水泵	$427m^3/h$　21.6MPa，含进口液力耦合器、前置泵等	套	340
27	30%电动给水泵	$427m^3/h$　21.6MPa，不含液力耦合器，含前置泵等	套	190
28	凝汽器	钛管，$20000m^2$	台	2340
29	凝汽器	不锈钢304，$20000m^2$	台	960
30	凝汽器	不锈钢316，$20000m^2$	台	1270
31	凝汽器	不锈钢317，$20000m^2$	台	1640
32	凝汽器	不锈钢316L，$20000m^2$	台	1330
33	凝汽器	不锈钢317L，$20000m^2$	台	1740
34	闭式循环冷却器	管式1800t/h（钛管）	台	370
35	汽机旁路装装置	35%，进口，简化型，配超临界机组（含就地仪表与执行器）	套	220
36	内置式除氧器	GC－1100/GS－150	套	175
37	高压加热器	配超临界机组，三级卧式，主要阀门进口	套	640
38	立式高压加热器	配北重机型	套	600

续表

序号	设备名称	规格型号	单位	2022 年参考价
39	低压加热器	三级，配空冷	套	520
40	低压加热器	四级卧式，主要阀门进口	套	535
41	凝结水泵	100%，953m^3/h，3MPa，965kW	台	55
42	凝结水泵	50%，454m^3/h，500kW	台	50
43	真空泵	75kg/h，每台机配 2 台，1 用 1 备	台	40
44	汽机房行车	75/20t，跨度 25.5m，大梁加固 100t	台	130
二、燃料供应系统				
45	翻车机	C 型单车翻车机及其调车系统 Q=25 节/h	套	1200
46	斗轮堆取料机	1500/1000t/h 臂长 30m，折返式	套	850
47	斗轮堆取料机	1000/1000t/h 臂长 30m，折返式	套	800
48	圆形煤场堆取料机	圆形煤场直径 100m，门式	台	1130
49	活化给煤机	Q=800t/h	台	80
50	输煤皮带机	1000mm（含胶带，不含皮带机保护元件，减速器为中外合资产品）	台	0.6

续表

序号	设备名称	规格型号	单位	2022 年参考价
51	输煤皮带机	1200mm（含胶带，不含皮带机保护元件，减速器为中外合资产品）	m	0.7
52	输煤皮带机	1400mm（含胶带，不含皮带机保护元件，减速器为中外合资产品）	m	0.85
53	环（锤）式碎煤机	800t/h	台	55
54	环（锤）式细碎机	Q=600t/h（进口）	台	350
55	滚轴筛	Q=1000t/h	台	28
56	皮带给煤机	B=1600mm，Q=350～860t/h	台	30
57	桥式叶轮给煤机	B=1200mm，Q=300～1000t/h 带变频调速	台	30
58	环式给煤机	单环式，配直径 22m 筒仓	台	90
59	环式给煤机	双环式，配直径 36m 筒仓	台	330
60	推煤机	TY220 型	台	80
61	装载机	ZL50	台	35

续表

序号	设备名称	规格型号	单位	2022年参考价
62	火车取样装置	门式，跨距6m，用于单台翻车机(缩分、破碎、液压装置进口，减速器为中外合资产品)	台	80
63	汽车取样装置	(缩分、破碎、液压装置进口，减速器为中外合资产品)	台	50
64	皮带中部取样装置	B=1200mm双取样头，对应1套二级缩分、一级破碎、回煤装置(用于入炉煤，取样头、缩分、破碎装置进口)	台	70
65	动态轨道衡	断轨	台	35
66	动态轨道衡	不断轨	台	60
67	二工位头部伸缩装置	B=1200mm	台	28
68	三工位头部伸缩装置	B=1200mm	台	38
69	运煤系统一次元件(新建)	包括双向拉绳开关、二级跑偏开关、胶带纵向撕裂检测装置、煤流检测装置、速度检测装置、堵煤信号、原煤仓高、低和连续料位信号等	套	80

续表

序号	设备名称	规格型号	单位	2022年参考价
70	运煤系统一次元件（扩建）	包括双向拉绳开关、二级跑偏开关、胶带纵向撕裂检测装置、煤流检测装置、速度检测装置、堵煤信号、原煤仓高、低和连续料位信号等	套	30
三、除灰系统				
71	气力除灰	输灰、控制、除尘设备等，不含管道、空压机，输送距离约500m，单台炉除灰系统出力60t/h，双室五电场电除尘器，2×16＋2×3个灰斗	套/2炉	490
72	刮板捞渣机	单侧捞渣机（含关断门、冷渣斗、液压控制等）出力7～30t/h，长度48m	台	390
73	干式排渣机	（含渣井，关断门，碎渣机，渣仓，控制，斗式提升机）出力：6～20t/h，长度30m	套	470
四、水处理系统				
74	超滤装置	含加药装置、进水泵、保安过滤器、反洗水泵、水箱、膜组件、换热器等	吨/小时	1.2

续表

序号	设备名称	规格型号	单位	2022 年参考价
75	反渗透装置	含加药装置、反洗水泵、升压泵、保安过滤器、水箱、膜组件、换热器等	吨/小时	1.5
76	制氢装置	含程控，无人值守，3个罐，$10Nm^3/h$	套	210
77	水汽集中取样分析装置	部分仪表进口，常规仪表国产，不含凝汽器检漏	套	100
78	凝结水精处理装置	两机一套再生装置，含程控，含树脂，配 2×50% 前置过滤＋3×50% 混床，配超临界机组	套/2机	1180
五、供水系统				
79	循环水泵	立式斜流泵，22m，$5m^3/s$，含电机，电机功率 1600～2000kW	台	190
80	直接空冷设备	包括空冷凝汽器、A 型架、隔墙、蒸汽分配管、风机桥架、防护网	万 m^2	40
81	空冷风机	直径 9.75m，功率 132kW，含变频器、风机筒、电机、齿轮箱	台	35
82	间接空冷设备	包括散热器管束、冷却三角框架、支撑件、百叶窗、散热器清洗系统、塔内管道。管束垂直布置	万 m^2	41

续表

序号	设备名称	规格型号	单位	2022年参考价
六、电气系统				
83	主变压器	SFP10－420000/220	台	1200
84	主变压器	SFP10－420000/330	台	1320
85	主变压器	SFP10－420000/500	台	1480
86	断路器	SF_6－220，50kA，罐式	台	75
87	断路器	SF_6－220，50kA，柱式	台	33
88	220kV GIS	断路器间隔，含主母线及分支母线	间隔	150
89	220kV GIS（母线设备间隔）		间隔	60
90	高压厂用变压器	无载调压 SFF－50000/20/6，50/31.5－31.5MVA	台	325
91	起动/备用变压器	有载调压 SFF2－50000/220/6，50/31.5－31.5MVA	台	535
92	起动/备用变压器	有载调压 SFF2－50000/330/6，50/31.5－31.5MVA	台	555
93	高压开关柜	KYN－10，3150A，40kA（进口开关）	台	18
94	高压开关柜	KYN－10，3150A，40kA	台	14
95	高压开关柜	KYN－10，1250～1600A，40kA	台	11

续表

序号	设备名称	规格型号	单位	2022 年参考价
96	高压开关柜	KYN－10，PT 柜	台	4.5
97	高压开关柜	F－C 单回路，40kA	台	8
98	低压开关柜	PC，主厂房内	台	6.5
99	低压开关柜	MCC，主厂房内	台	4.5
100	输煤程控装置	上位机、PLC、网络通信电缆、输煤工业电视系统，不包括传感器	套	180
101	交流不停电电源装置	80kVA 单台（三相输入，单相输出）	套	40
102	网络监控系统	微机监控系统（国产）	套	150
103	柴油发电机	650kW，主机进口	台	120
七、热工控制系统				
104	机组分散控制系统	包括 DAS、MCS、SCS（含电气控制）、FSSS 等 4 功能子系统，配 5 个操作员站等人机接口设备，I/O 点规模为 8000 点	套	400
105	火检及冷却风系统	根据炉型不同火检数量不同，按四角切园燃烧方式，32 只火检，2 台冷却风机，进口	套	50

续表

序号	设备名称	规格型号	单位	2022年参考价
106	视频监视系统	200点	套	200
八、附属生产工程				
107	启动锅炉及辅机	燃煤炉，20t/h，1.29MPa，300℃，链条炉，不含脱硫脱硝	台	450

（九）2×350MW机组基本技术组合方案

系统项目	2×350MW	
名称	新建	扩建
一、热力系统		
1. 主厂房结构形式及布置	主厂房布置为三列式：汽机房、除氧煤仓间和锅炉房，集中控制楼布置在两炉之间。汽机纵向，机头朝向固定端，汽机房跨度30m，煤仓间跨度11.5m（柱中心线间距），炉前跨7.2m，柱距9m。厂房长145.5m，运转层标高12.6m；主厂房钢筋混凝土结构，汽机房厂房体积141711m^3、煤仓间体积63949m^3、炉前封闭体积9798m^3；锅炉运转层以下封闭体积45128m^3，集控楼16323m^3；热网加热站16969m^3；主厂房体积293878m^3	同新建

续表

系统项目	2×350MW	
名称	新建	扩建
2. 锅炉	1200t/h，超临界，直流炉（全钢构架，同步脱硝，含等离子点火装置），2 台	同新建
3. 汽轮机	超临界、单抽凝汽式汽轮机，额定抽汽量为 550t/h，2 台	同新建
4. 汽轮发电机	QFSN-350-2 型，2 台	同新建
5. 制粉系统	中速磨煤机 10 台，ZGM95N-I	同新建
6. 风机	送风机：动叶可调轴流式，503820m³/h，电机功率 900kW，4 台；引风机：动叶可调双级轴流式，1236348m³/h，电机功率 3500kW，4 台；一次风机：动叶可调轴流式，风量 271440m³/h，4 台，电机功率 1300kW	同新建
7. 低温省煤器	一级	同新建
8. 除尘系统	双室五电场低低温静电除尘器，效率≥99.92%	同新建
9. 四大管道材质	主汽管道（P91）；再热热段（P91）；再热冷段（A672B70CL32）；主给水管道（15NiCuMoNb5-6-4）	同新建

续表

系统项目	2×350MW	
名称	新建	扩建
10. 凝结水泵	1041m^3/h，330mH_2O，100%流量，4台，“一拖二”变频	同新建
11. 旁路	高低压两级串联，30%容量国产气动简化旁路	同新建
12. 给水泵	汽动给水泵，637m^3/h，3213mH_2O，50%流量，4台；电动调速给水泵，30%流量，350m^3/h，2台	同新建
13. 热网系统	热网加热器，有效换热面积2400m^2，4台；热网循环水泵：Q=4100m^3/h，扬程 150mH_2O，4台；热网补水除氧器：200t/h，1台；热网补水除氧水箱：50m^3，1台；热网补水定压泵：190m^3/h，扬程：34mH_2O，2台，变频；热网循环水泵入口滤水器 Dn700，4台；厂区热网管道（供回水）管道规格 DN1200/DN1200，长度：厂房内热网循环水管道长度 192m，厂区管道 710m，热网管道至厂区围墙外 1m	同新建
14. 锅炉真空清扫系统	固定式负压吸尘装置及配套管线2套	同新建

续表

系统项目	2×350MW	
名称	新建	扩建
15. 暖通系统	汽机房、锅炉房由屋顶通风器排至室外；集控楼空调系统选用风冷直接蒸发式空调机组 2 套组合空调机组；输煤系统脉冲布袋除尘器；外网系统	制冷站设备根据冷负荷扩容
16. 烟道支架	烟道支架为钢筋混凝土结构	同新建
17. 引风机室	钢筋混凝土框架结构	同新建
18. 送风机支架	钢筋混凝土框架结构	同新建
19. 烟囱	210m/ϕ7m，1 座，钢筋混凝土外筒、钛板复合板单内筒套筒式结构烟囱	同新建
二、燃料供应系统		
1. 简要说明	运煤系统的设计出力按 4×350MW 机组容量考虑，土建部分本期一次建成，卸煤和贮煤设施分期建设	

续表

系统项目	2×350MW	
名称	新建	扩建
2. 卸煤	全部铁路敞车运煤进厂，翻车机室土建部分按2套一次建成，本期安装单车翻车机及其调车系统1套，1重1空1走行，折返式布置；活化给料机 Q=500～800t/h，2台；动态轨道衡1台，火车取样机1台	单车翻车机及其调车系统1套，1重1空，折返式布置；活化给料机 Q=500～800t/h，2台；火车取样机1台
3. 贮煤	煤场为封闭条形煤场，容量为2×350MW机组10天耗煤量；长度为200m，宽度100m，斗轮堆取料机堆料出力1500t/h，取料出力1000t/h，臂长35m，1台；推煤机2台，装载机1台	煤场延长至煤场总容量为4×350MW机组10天耗煤量，增设1台装载机
4. 运煤	卸煤胶带机 B=1400mm，Q=1500t/h，单、双路设置；胶带机总长 L=1166m，上煤胶带机 B=1200mm，Q=1000t/h，单、双路设置；胶带机总长 L=1306m，原煤仓配煤方式采用犁煤器方案	煤场胶带机延长 L=160m；煤仓间胶带机延长 L=272m
5. 碎、筛煤	环锤式碎煤机 Q=800t/h，2台；滚轴筛 Q=1000t/h，2台	

续表

系统项目	2×350MW	
名称	新建	扩建
6. 主要辅助建筑	输煤综合楼按 1479m^2，推煤机库按 400m^2	
7. 点火油罐	300m^3 钢油罐 2 个	
8. 含油污水处理	简易装置 1 套	
9. 栈桥、廊道	碎煤机室至主厂房段为钢结构支架、钢桁架、钢梁浇制板，压型钢板封闭，长 319m；煤场至碎煤机室为钢筋混凝土结构，长 67m；煤场至翻车机室段为钢筋混凝土结构，加气混凝土外墙，长 53m，地下廊道长 154m	
10. 转运站	钢筋混凝土结构	
11. 斗轮机基础	钢筋混凝土基础	
12. 翻车机室	钢筋混凝土结构，1 座翻车机室按安装 2 台单车翻车机设计	

续表

系统项目	2×350MW	
名称	新建	扩建
三、除灰系统		
1. 厂内除灰渣（石子煤）方式	灰渣分除，干灰集中至灰库，范围为除尘器灰斗法兰至灰库卸料设备出口，输送距离 380m，单台炉除灰系统出力 50t/h，双室五电场电除尘器；干式排渣机后接斗式提升机输送至渣仓，范围为锅炉炉灰斗水封插板出口至渣仓卸料设备出口，干式排渣机出力 12～30t/h；电瓶叉车运输石子煤，分界点为中速磨石子煤斗出口	同新建
2. 厂外汽车运灰渣	运灰公路 5km，厂矿三级标准，汽 20 级路面，路面宽 7m，路基宽 8.5m，占地 75 亩	
3. 灰场机械	8t 洒水车 1 辆，YZ16 自动碾压机 1 辆，YZS068 手动碾压机 1 辆，TY210B 推土机 1 辆	
4. 灰库	钢筋混凝土筒仓，无保温	同新建
5. 除灰综合楼	钢筋混凝土框架结构	同新建
6. 气化风机房	钢筋混凝土框架结构	同新建

续表

系统项目	2×350MW	
名称	新建	扩建
四、水处理系统		
1. 锅炉补给水处理系统（含热网补充水处理）	超滤反渗透、一级除盐加混床，超滤反渗透出力为3×65t/h，一级除盐加混床出力为2×80t/h	同新建
2. 化验室	气：SF_6分析；水、煤（含入厂煤、入炉煤）、油（含透平油、绝缘油、抗燃油）分析	
3. 水汽取样分析装置	含高温高压取样冷却装置及在线分析仪表，仪表配置原则按最新的化学技术规程	同新建
4. 凝结水精处理系统	2×50%前置过滤器+3×50%高速混床，两机合用一套再生装置、配7份树脂，（注：循环冷却水水源采用河水、水库水等情况下，可选用2×50%高速混床系统，两机合用一套再生装置、配5份树脂）	同新建
5. 循环水稳定处理装置	循环水加酸加稳定剂处理	同新建
6. 循环水杀生处理装置	电解食盐制氯2×10kg/h	同新建

续表

系统项目	2×350MW	
名称	新建	扩建
7. 给水炉水加药处理	炉内低磷酸盐处理，给水凝结水加氨、加联氨，两机合用一套加药系统	同新建
8. 工业废水处理	相对集中处理，正常工况下回收利用，不外排，不包括含煤废水处理	
9. 制氢	1×10Nm³/h 制氢加干燥储存装置	
10. 厂区管道	防腐管道	同新建
11. 锅炉补给水处理车间（含除盐间、泵间、加药间、化学水办公楼、酸碱库及中和池）	钢筋混凝土框（排）架结构	同新建
12. 凝结水精处理室	钢筋混凝土框（排）架结构	
13. 化验楼	砌体结构	同新建
14. 循环水加药间	钢筋混凝土框（排）架结构	

续表

系统项目	2×350MW	
名称	新建	扩建
15. 制氢站	钢筋混凝土框架结构	
16. 工业废水处理站	钢筋混凝土结构	同新建
五、供水系统		
1. 供水方式	采用扩大单元制二次循环供水系统	同新建
2. 冷却水塔	每台机配逆流式自然通风冷却塔 1 座，冷却塔淋水面积为 5000m^2；考虑防冻和降噪隔声屏	同新建
3. 循环水系统	二台机共用 1 座循环水泵房，泵房内安装 4 台循环水泵（立式斜流泵），进水间和泵房全封闭，下部结构 24.5m×21m×8.5m（长×宽×深），地上结构 23m×35m×16.7m（长×宽×高）；循环水压力管道采用焊接钢管；2×DN2400，总长 L=1800m	同新建
4. 补给水系统	补给水为中水，补给水泵房设 3 台补给水泵，土建按 5 台泵一次建成	增设 2 台水泵
5. 补给水管线	1×DN700，长度 L=5km	同新建

续表

系统项目	2×350MW	
名称	新建	扩建
6. 中水调节蓄水池	2×5000m³，钢筋混凝土结构	同新建
7. 中水备用水系统	备用水泵房设3台补给水泵（土建按4台机组规模5台泵一次建成）。下部结构 19m×16.9m×20.48m（长×宽×深），上部结构14m×25m×13.5m（长×宽×高）；自流引水管300m，钢制喇叭口取水头输水管 1×DN700，长度 $L=15$km	增设2台水泵，输水管同新建
六、电气系统		
1. 出线回路	2回	同新建
2. 配电装置	220kV屋外中型，双母线（不设旁路母线），采用国产柱式 SF_6 断路器	同新建
3. 主变压器	220kV 变压器三相双绕组（420000kVA）2台	同新建
4. 高压厂用电源	每台机组设1台 50/31.5-31.5MVA 分裂绕组高压厂用变压器	设1台40/25-25MVA高压厂用变压器

续表

系统项目	2×350MW	
名称	新建	扩建
5. 高压厂用断路器	真空断路器与F-C（单回路）组合；电源回路采用国产化真空断路器；馈线柜采用全国产设备，1250kVA 及以下低压厂用变回路和 1000kW 及以下电动机回路采用 F-C 设备	同新建
6. 启动/备用电源	由厂内 220kV 母线架空引接一回线，设 1 台有载调压分裂变，容量 50/31.5-31.5MVA，正常运行时不带负荷	设 1 台有载调压分裂变，容量 40/25-25MVA
7. 事故保安电源	每台机组设置 1 台 630kW 柴油发电机组(含供脱硫系统保安负荷 120kW 左右)	同新建
8. 交流不停电电源	每台机组设置 1 台 80kVA UPS 装置	同新建
9. 网络控制系统	220kV 配电装置规模为 8 个间隔(2 进、2 出、1 个母联、1 个启动/备用电源、2 个母线电压互感器及避雷器间隔)，网络控制配置微机监控系统一套，就地设继电器小室，数据采集装置按间隔配，双上位机（操作员站）	增加本期数据采集单元

续表

系统项目	2×350MW	
名称	新建	扩建
10. 直流系统	控制、动力分开供电，每台机组包括控制 2 组 110V 蓄电池、配高频开关电源型充电装置 2 组(模块 n+1 配置)，动力 1 组 220V 蓄电池、配高频开关电源型充电装置 1 组(模块 n+1 配置)，直流屏、绝缘检查装置、电池检测装置	同新建
11. 发变组保护	发电机–变压器组保护采用双套保护装置；保护屏 10 面	同新建
12. 输煤控制系统	程控系统；按 4×350MW 规划容量考虑程控装置:2 套上位机(操作员站),PLC 控制,I/O 点数 1000 点左右，2～3 个远程站，包括网络通信电缆；输煤工业电视系统：4 个显示器，16 个摄像头(2 个彩色变焦，14 个黑白)，矩阵切换器等；包括传感器	根据工程实际情况，考虑适当增加 I/O 点及摄像头数量
13. 全厂高压开关柜(含 F-C)	共 123 面(不设公用段，不含脱硫)	107 面
14. 升压站	220kV 屋外式,钢筋混凝土离心杆柱、钢桁架梁	同新建
15. A 列外构筑物	构架为钢筋混凝土离心杆柱、钢桁架梁,设备基础为钢筋混凝土基础	同新建

续表

系统项目	2×350MW	
名称	新建	扩建
七、系统二次		
1. 继电保护	220kV 线路保护 4 套、母线保护 2 套、每台断路器配置 1 套断路器保护、配置线路故障录波器屏 1 面、保护及故障录波信息管理子站 1 套；行波测距装置 1 套及安全稳定控制装置 2 套	同新建，已有系统按扩容考虑
2. 调度自动化	远动与网控统一考虑；配置 AGC/AVC 测控柜 1 套；220kV 出线侧、启备变压器高压侧配置主/校、0.2s 级关口表；机组出口侧配置单、0.5s 级考核表；电表处理器 1 套，计费小主站 1 套；调度数据网接入设备、二次系统安全防护设备各 1 套；功角测量装置、电厂竞价辅助决策系统、发电负荷考核系统各 1 套	同新建，已有系统按扩容考虑
3. 通信	配置 2 套 SDH 622Mb/s 光端机；96 门调度程控交换机 1 台；–48V 高频开关电源 2 套，500AH 蓄电池 2 组；至调度端 PCM2 对；通信机房动力环境监视纳入电厂网控系统统一考虑；载波通道 4 路（根据工程实际需要配置）	同新建，已有系统按扩容考虑

续表

系统项目	2×350MW	
名称	新建	扩建
八、热工控制系统		
1. 分散控制系统(DCS)	包括 DAS、MCS、SCS、FSSS 等 4 个功能子系统（包括电气进 DCS，不包括大屏幕），2 套	同新建
2. 汽轮机控制系统（DEH）	高压抗燃油伺服系统，纯电液数字调节方式，2 套	同新建
3. 汽轮机危急遮断系统（ETS）	采用 PLC 或 DCS 实现保护功能，2 套	同新建
4. 汽轮机安全监测仪表（TSI）	含汽机转速、汽轮发电机轴承振动、轴向位移、差胀、缸胀、偏心、键相等功能，2 套	同新建
5. 汽轮机振动分析和故障诊断系统（TDM）	含工控机、分析软件、专家诊断软件等，2 机组合配 1 套人机界面	同新建
6. 吹灰程控及烟温探针系统	包括吹灰程控软硬件及动力柜和烟温探针就地仪控设备，2 套	同新建
7. 除灰、除渣仪表与控制系统	包括 DCS 控制及就地压力、温度、流量、物位仪表和电磁阀箱、配电箱等，1 套	同新建

续表

系统项目	2×350MW	
名称	新建	扩建
8. 化学补给水仪表与控制系统	包括DCS控制及就地压力、温度、流量、分析仪表和电磁阀箱等，1套	按工艺情况增加相应仪表控制设备
9. 凝结水精处理仪表与控制系统	包括DCS控制及就地压力、温度、流量、分析仪表和电磁阀箱等，1套	同新建
10. 燃油泵房仪表与控制系统	采用DCS，包括压力、流量、液位、温度等仪表和配电箱等，1套	
11. 启动锅炉房仪表与控制系统	包括压力、流量、温度等仪表、执行机构以及控制系统，1套	
12. 废水处理仪表与控制系统	包括DCS控制及就地压力、温度、流量、分析仪表和电磁阀箱等，1套	按工艺情况增加相应仪表控制设备
13. 空调仪表与控制系统	包括就地压力、温度、流量等仪表和执行机构，1套	同新建
14. 视频监视系统	数字式系统，包括云台、传输光（线）缆、视频服务器、交换机、监视器等；监测点（摄像头）350点，1套	根据监测范围调整监测点数

续表

系统项目	2×350MW	
名称	新建	扩建
15. 门禁管理系统	对厂区内需要控制人员出入的封闭区域进行实时监控、出入记录、闯入报警和权限管理等功能，系统由电子门锁、控制器、读卡器、管理主机等组成	在电厂已有系统基础上完善相关内容
16. 火灾自动报警系统	包括上位机、感温、感烟传感器，预制电缆，1套	同新建
17. 厂级自动化系统	厂级监控信息系统和管理信息系统	当电厂无此系统时，可按新建处理
18. 智能电厂	全厂无线网络：完成全厂无线网络覆盖，采用WIFI方案； 全厂数据平台：建设全厂统一的数据平台； 数字化移交：完成设计期和建设期的数据移交； 智能工地模块：基建期智能化，完成基建期安全管理和工程管理； 优化控制模块：采用闭环优化控制软件或优化控制系统； 智能监盘模块：减少运行人员监盘工作量；	在电厂已有系统基础上完善相关内容

续表

系统项目	2×350MW	
名称	新建	扩建
18. 智能电厂	智能两票模块：实现电子化两票系统； 智能巡检模块：实现现场少人巡检和巡检数据的实时上传； 智能诊断模块：实现部分设备的故障诊断和寿命预测； 智能安防模块：实现视频、门禁等系统的联合管理和联动监控； 智能决策模块：实现部分管理与经营工作的辅助决策支持； 移动 APP：通过移动终端进行管理工作； 信息安全：按照等保要求，完成工控系统与信息系统的安全防护	在电厂已有系统基础上完善相关内容
九、附属生产工程		
1. 启动锅炉	燃煤炉，20t/h，链条炉，2 台	
2. 启动锅炉房	钢筋混凝土框（排）架	
3. 材料库	2100m^2	
4. 综合检修间	1260m^2	

续表

系统项目	2×350MW	
名称	新建	扩建
5. 辅助及附属建筑物	办公楼 3045m^2，食堂 630m^2，招待所 840m^2，夜班宿舍 945m^2，检修公寓 1260m^2	
6. 厂区及施工区土石方	20 万 m^3	20 万 m^3
十、交通运输工程		
1. 铁路	国铁Ⅳ级标准，厂外 10km（含接轨站改造），厂内 3.3km	厂内增加 2.2km
2. 公路	三级厂矿道路标准，厂外 2km，20 级路面，路面宽 7m，路基宽 8.5m	
十一、地基处理	主厂房、烟囱、汽机基础、锅炉、集控楼、电除尘、送风机支架、引风机支架、烟道支架和输煤转运站等采用 25m 左右 450×450 预制钢筋混凝土桩，部分辅助附属建筑物采用复合地基	同新建
十二、灰场	事故备用灰场，可供 2×350MW 机组使用 6 个月左右；占地面积 100m×200m，设计堆灰高度 5m；库底铺设防渗土工膜方式防渗	同新建

续表

系统项目	2×350MW	
名称	新建	扩建
十三、脱硫装置系统		
1. 烟气及SO_2吸收系统及其他系统	石灰石－石膏湿法烟气脱硫工艺（1炉1塔），含硫量1.3%，脱硫效率98.9%，不含GGH，10台循环泵，4台氧化风机；烟气系统接口范围：从引风机出口接出，经脱硫装置脱硫后接至烟囱入口；工艺水系统接口范围：从电厂循环水和电厂工业水接至脱硫岛外1m；压缩空气系统：从电厂压缩空气系统接至脱硫岛外1m	同新建
2. 石灰石制备系统	粒径不大于20mm的石灰石块进厂，脱硫岛内设湿磨制浆车间，2台100%出力的湿式球磨机；范围：从自卸卡车将石灰石块卸至地下料斗开始，至石灰石浆液泵出口为止	同新建
3. 石膏脱水系统	一级浆液旋流器和二级皮带脱水机石膏脱水系统，2套石膏浆液旋流器，2台100%出力的真空皮带脱水机，脱水后石膏贮存于石膏储存间；范围：从吸收塔浆液排出泵出口开始至副产品石膏堆放于石膏库房内为止	同新建

续表

系统项目	2×350MW	
名称	新建	扩建
4. 电气系统	脱硫负荷由高压厂用工作母线引接，2台炉设低压脱硫变2台，互为备用，交流事故保安负荷由机组保安电源统一供给，单独设1套交流不停电电源（UPS）	同新建
5. 热控系统	主控制系统采用 DCS；脱硫视频监视系统1套；火灾自动报警系统1套；每台机组烟气连续监测装置（烟气进、出口）2套；脱硫pH计、物位仪、电磁流量仪、浆液分析仪、电动/气动执行机构、变送器、测量元件等就地仪表2套	同新建
6. 电气控制综合楼	钢筋混凝土框架	同新建
7. 烟道支架	钢结构	同新建
十四、脱硝装置系统		
1. 尿素储存及热解制氨气系统	尿素法：袋装尿素采用人工卸车并储存在尿素储仓内，散装颗粒尿素利用槽车上的车载风机卸入尿素储仓；固体尿素经溶解后储存在尿素溶液储存罐内，尿素溶液经热解器反应后生成氨气	同新建

续表

系统项目	2×350MW	
名称	新建	扩建
2. SCR反应系统	烟气在锅炉省煤器出口处被平均分为两路，每路烟气并行进入一个垂直布置的SCR反应器，即每台锅炉配有2个反应器，烟气经过均流器后进入催化剂层，然后烟气进入空预器、电除尘器、引风机和脱硫装置后，排入烟囱；烟气在进入催化剂前设有氨注入的系统，烟气与氨气充分混合后进入催化剂反应，脱去NO_x；SCR反应器入口NO_x浓度按250mg/Nm^3设计，脱硝效率≥80%	
	催化剂层数2+1，初装2层，催化剂采用蜂窝式	
	脱硝系统不设置烟气旁路和省煤器高温旁路系统	
	脱硝装置支撑在炉后除尘器前的支架上，由锅炉厂设计、供货，脱硝装置平台、扶梯与锅炉平台连接	
3. 土建	包括脱硝反应器构架基础，构筑物，配电间，室外给、排水及消防系统，综合管架	

（十）2×350MW 机组调整模块表

序号	模块名称	技术条件	造价合计（万元）
一、热力系统			
一	1. 炉型		
	A. 烟煤	包括锅炉本体、风机、除尘装置、制粉系统、烟风煤管道、锅炉其他辅机、高压管道和相关保温（包括锅炉本体保温含砌筑、烟风煤管道保温、电除尘保温、高压汽水管道保温，不包括汽轮发电机组本体保温和中低压汽水管道保温）	74332
		其中：建筑工程费 11797 万元，设备购置费 42361 万元，安装工程费 18184 万元，材差 1990 万元	
		汽机纵向，机头朝向固定端，汽机房跨度 30m，煤仓间跨度 11.5m（柱中心线间距），炉前跨 7.2m，柱距 9m。厂房长 145.5m，运转层标高 12.6m；主厂房钢筋混凝土结构，汽机房厂房体积 141711m³、煤仓间体积 63949m³、炉前封闭体积 9798m³；锅炉运转层以下封闭体积 45128m³	
		1200t/h，烟煤炉，2 台	

续表

序号	模块名称	技术条件	造价合计（万元）
一	A. 烟煤	中速磨煤机10台，ZGM95N-I型	
		送风机：动叶可调轴流式，503820m³/h，4台	
		引风机：静叶可调轴流式，1236348m³/h，4台	
		一次风机：动叶可调轴流式，风量271440m³/h，4台	
		双室五电场低低温静电除尘器，4台	
		烟风煤管道	
		主汽管道（P91），再热热段（P91），再热冷段（A672B70CL32），主给水管道（15NiCuMoNb5-6-4）	
	B. 贫煤	其中：建筑工程费13355万元，设备购置费47534万元，安装工程费17331万元，材差1686万元	79906
		汽机纵向，机头朝向扩建端，主厂房钢筋混凝土结构，汽机房跨度27m，煤仓间跨度19m，炉前跨7m，柱距9m，厂房长140.2m，运转层标高12.6m；汽机房厂房体积114567m³、煤仓间体积49159m³、炉前封闭体积16565m³、锅炉运转层以下封闭体积61770m³	

续表

序号	模块名称	技术条件	造价合计（万元）
一	B. 贫煤	1141.9t/h，贫煤炉，2 台	
		磨煤机 10 台，MPS180 型	
		送风机：动叶可调轴流式 Q=991861m^3/h，4 台	
		引风机：动叶轴流式 Q=2005179m^3/h，4 台	
		一次风机：动叶轴流式 Q=350493m^3/h，4 台	
		电袋除尘器，两电两袋，2 台	
		烟风煤管道	
		主汽管道（P91），再热热段（P22），再热冷段（A672B70CL32），主给水管道（15NiCuMoNb5-6-4）	
	C. 褐煤	其中：建筑工程费 15120 万元，设备购置费 44216 万元，安装工程费 18141 万元，材差 2290 万元	79767

续表

序号	模块名称	技术条件	造价合计（万元）
一	C. 褐煤	汽机纵向，机头朝向固定端，汽机房跨度 32m，煤仓间跨度 11m（柱中心线间距），炉前跨 6.5m，柱距 9m；厂房长 136.2m，运转层标高 12.6m；主厂房钢筋混凝土结构，汽机房厂房体积 $136989m^3$、煤仓间体积 $71684m^3$、炉前封闭体积 $10541m^3$；锅炉运转层以下封闭体积 $51858m^3$	
		1100t/h，褐煤炉，2 台	
		中速磨煤机 12 台，HP863 型，2 台备用	
		送风机动叶可调轴流式 $Q=403200m^3/h$，4 台	
		引风机静叶可调轴流式 $Q=1170000m^3/h$，4 台	
		一次风机，离心式，4 台	
		双室五电场静电除尘器，4 台	
		烟风煤管道	
		主汽管道（P91），再热热段（P91），再热冷段（A672B70CL32），主给水管道（15NiCuMoNb5-6-4）	

续表

序号	模块名称	技术条件	造价合计（万元）
一	D. 无烟煤	其中：建筑工程费 13480 万元，设备购置费 53939 万元，安装工程费 23605 万元，材差 1940 万元	92964
		汽机纵向布置，机头朝向固定端，主厂房为钢筋混凝土结构，锅炉露天布置，汽机房跨度 27m，除氧间跨度 9m，煤仓间跨度 12.5m，炉前跨 6.5m，厂房为不等柱距（9m、11m），长 136.2m，C 排至烟囱距离 151m，运转层标高 13.6m；汽机房厂房体积 131305m^3、除氧间体积 36960m^3、煤仓间体积 71654m^3、炉前封闭体积 24585m^3、锅炉运转层以下封闭体积 68486m^3	
		1132t/h，W 火焰炉，2 台	
		中速磨煤机，MPS180HP-II 型，12 台	
		送风机动叶可调轴流风机，Q=421200m^3/h，4 台	
		引风机动叶可调轴流风机，Q=1257840m^3/h，4 台	
		一次风机离心式，Q=345600m^3/h，4 台	

续表

序号	模块名称	技术条件	造价合计（万元）
一	D. 无烟煤	双室两排电区三排袋区电除尘器，4台	
		烟风煤管道	
		主汽管道（P91），再热热段（P22），再热冷段（A672B70CL32），主给水管道（15NiCuMoNb5-6-4）	
		每台机组增加：DCS 600点；电动执行器31台；变送器增加40台；热电偶50只；风量测量装置15个；控制电缆22km等	
		减少6kV的F-C双回路开关柜2面	
	2. CFB锅炉机组		
	热机范围	设备范围包括锅炉系统设备，除灰渣系统到渣斗和灰库之前的设备，不包括灰渣运输车；工程量范围包括烟风煤管道，高压管道和相关保温（包括锅炉本体保温含砌筑、烟风煤管道保温、电除尘保温、高压汽水管道保温，不包括汽轮发电机组本体保温和中低压汽水管道保温）	

续表

序号	模块名称	技术条件	造价合计（万元）
一	A. 常规机组	其中：建筑工程费 13690 万元，设备购置费 44463 万元，安装工程费 18290 万元，材差 2236 万元	78679
		汽机纵向，机头朝向固定端，汽机房跨度 30m，煤仓间跨度 11.5m（柱中心线间距），炉前跨 7.2m，柱距 9m。厂房长 145.5m，运转层标高 12.6m；主厂房钢筋混凝土结构，汽机房厂房体积 141711m^3、煤仓间体积 63949m^3、炉前封闭体积 9798m^3；锅炉运转层以下封闭体积 45128m^3	
		1100t/h，超临界，烟煤炉，2 台	
		中速磨煤机 10 台，ZGM95N-I 型	
		送风机：动叶可调轴流式 Q=503820m^3/h，4 台	
		引风机：静叶可调轴流式 Q=1236348m^3/h，4 台	
		一次风机：动叶可调轴流式，Q=271440m^3/h	
		电除尘器：双室五电场低低温，共 4 台	

续表

序号	模块名称	技术条件	造价合计（万元）
一	A. 常规机组	电子称重给煤机 F55，出力5～55t/h，10台	
		烟风煤管道	
		主汽管道（P91），再热热段（P91），再热冷段（A672B70CL32），主给水管道（15NiCuMoNb5-6-4）	
		灰渣分除，干灰集中至灰库，范围为除尘器灰斗法兰至灰库卸料设备出口，输送距离380m，单台炉除灰系统出力50t/h，双室四电场电除尘器	
		干式排渣机后接斗式提升机输送至渣仓，范围为锅炉炉灰斗水封插板出口至渣仓卸料设备出口，干式排渣机出力12～30t/h；电瓶叉车运输石子煤	
		其中：建筑工程费16045万元，设备购置费48773万元，安装工程费21060万元，材差2315万元	88193
	B. CFB锅炉机组	汽轮机纵向，机头朝向固定端，主厂房为钢筋混凝土结构，汽轮机房厂房体积136505m^3、除氧间煤仓间体积93756m^3、炉前封闭体积10826m^3、锅炉运转层以下封闭体积59856m^3	

续表

序号	模块名称	技术条件	造价合计（万元）
一	B. CFB锅炉机组	1170t/h，超临界循环流化床自然循环褐煤炉，2台	
		一次风机：离心式 Q=408240m^3/h，4台	
		送风机：离心式，Q=371880m^3/h，4台	
		引风机：动叶可调轴流式，Q=1237680m^3/h，4台	
		高压流化风机：多级离心式，Q=16596m^3/h	
		电除尘器：双室五电场，共4台	
		烟风煤管道重量1594t	
		主汽管道（P91），再热热段（P91），再热冷段（A672B70CL32），主给水管道（15NiCuMoNb5-6-4）	
		电子称重式给煤机（用于给煤）Q=4～40t/h	
		电子称重式给煤机(用于启动床料）Q=3～30t/h	
		外购石灰石粉，厂内石灰石粉气力输送，输送器出力15t/h，共4台	

续表

序号	模块名称	技术条件	造价合计（万元）
一	B. CFB锅炉机组	增加 6kV 开关柜 2 台（F-C 回路，单柜），6kV 电缆 1000m；增加 0.4kV 开关柜 16 台，低压动力电缆 8000m；增加 630kVA 低压变两台；增加控制电缆 4000m，计算机电缆 6000m，就地事故按钮盒 12 只	
		每台炉：减少 DCS 约 600 点（考虑 CFB 炉 DCS 逻辑组态软件费用比基本方案高，DCS 价格与基本方案价格持平）；增加炉底渣纳入 DCS 控制；增加 1 套烟气 SO_2 检测仪；减少计算机电缆 25km 等工程量；火检、风量测量等其他仪表与控制设备量的增加与减少基本持平；设汽包水位工业电视系统 1 套和烟气连续监测系统（CEMS）	
	3. 机型		
	热机范围	模块范围包括汽轮机本体、排汽装置（如果有）、凝汽器（如果有）、低加、给水泵、凝结水泵、机械真空泵和胶球清洗装置（如果有）、热网首站设备和管道、采暖抽汽管道、厂区供热管道（到厂区围墙外 1m）	

续表

序号	模块名称	技术条件	造价合计（万元）
一	A. 湿冷供热机组	其中：建筑工程费833万元，设备购置费23566万元，安装工程费2987万元，材差211万元	27597
		超临界、单抽凝汽式，额定采暖抽汽量为550t/h；2台	
		8级回热系统，2套	
		给水泵：2×50%汽泵＋1×50%电泵，2套	
		凝结水泵：3×50%，2套	
		机械真空泵：2台出力51kg/h，2套	
		不锈钢管凝汽器，2台	
		凝汽器胶球清洗，2套	
		热网首站汽机房A列外毗屋布置，体积16969m^3	
		热网加热器，有效换热面积2750m^2，4台，额定换热量：175MW，最大换热量：190MW	
		热网循环水泵 Q=4100m^3/h，扬程H：150m，4台	
		热网疏水泵 Q=315m^3/h，扬程H：170m，2×3台	

续表

序号	模块名称	技术条件	造价合计（万元）
一	A．湿冷供热机组	热网补水除氧器200t/h，1台	
		热网补水除氧水箱 $50m^3$，1台	
		热网补水泵 $210m^3/h$，扬程 H：25m，2台	
		热网定压泵：$190m^3/h$，扬程 H：34m，1台	
		热网循环泵入口滤网 $4200m^3/h$，4台	
		6kV 热网水泵由主厂房 6kV 厂用电系统供电，增加 12 面 6kV 开关柜和 2km 的 6kV 电缆	
		厂内热网首站纳入机组 DCS 公用网络	
		厂区热网管道：蒸汽/热水管道规格 2×DN1200/DN1200；长度：每台机组蒸汽管道 120m，厂房内每台机组热网循环水管道长度 145m，厂区管道 305m，热网管道至厂区围墙外 1m	
	B．湿冷纯凝机组	其中：建筑工程费 0 万元，设备购置费 20997 万元，安装工程费 1604 万元，材差 66 万元	22667

续表

序号	模块名称	技术条件	造价合计（万元）
一	B. 湿冷纯凝机组	350MW 纯凝汽机，2 台	
		8 级回热系统，2 套	
		给水泵：2×50%汽泵＋1×30%电泵，2 套	
		凝结水泵：2×100%，2 套	
		机械真空泵：2 台出力 51kg/h，2 套	
		不锈钢管凝汽器，2 台	
		凝汽器胶球清洗，2 套	
	C. 空冷纯凝机组	其中：建筑工程费 0 万元，设备购置费 18758 万元，安装工程费 1435 万元，材差 58 万元	20251
		350MW 直接空冷汽机，2 台	
		7 级回热系统，2 套	
		给水泵：3×50%容量电动调速给水泵，2 套	
		凝结水泵：2×100%，2 套	
		机械真空泵：3 台出力 75kg/h，2 套	
		排汽装置，2 套	

续表

序号	模块名称	技术条件	造价合计（万元）
一	4. 旁路配置		
	A. 简化电动旁路，30%BMCR流量	其中：建筑工程费0万元，设备购置费443万元，安装工程费316万元，材差27万元	786
		两级串联，国产	
	B. 不设旁路	其中：建筑工程费0万元，设备购置费 0 万元，安装工程费37万元，材差3万元	40
	C. 简化功能国产电动旁路，15%BMCR流量	其中：建筑工程费0万元，设备购置费262万元，安装工程费174万元，材差14万元	450
		简化功能国产电动旁路，15% BMCR流量	
	5. 锅炉封闭情况		
	A. 紧身封闭	金属保温墙板；自然进风，屋顶通风器排风	1245
	B. 露天		0
	6. 锅炉真空清扫系统		
	A. 一台真空清扫车	75HP，风量3000m^3/h，真空度51kPa，两台炉各平台的吸尘管道以及煤仓间的吸尘管道	132

续表

序号	模块名称	技术条件	造价合计（万元）
一	B. 1台固定式真空吸尘装置	75HP，风量2750m^3/h，真空度61kPa，灰斗容量3m^3，两台炉各平台的吸尘管道以及煤仓间的吸尘管道	123
	7. 烟囱		
	A. 钢筋混凝土外筒、钛钢复合板单内筒套筒内结构烟囱	其中:建筑工程费2703万元,设备购置费0万元,安装工程费0万元，材差201万元	2904
		210m/ϕ7m	
		钢筋混凝土基础1700m^3，钢筋混凝土结构外筒壁4500m^3，钛钢复合板内筒430t	
		对应于脱硫系统不设置GGH装置机组	
	B. 钢筋混凝土外筒、玻璃钢单内筒套筒式结构烟囱	其中:建筑工程费2981万元,设备购置费0万元,安装工程费0万元，材差187万元	3168
		210m/ϕ7m	
		钢筋混凝土基础1620m^3，钢筋混凝土结构外筒壁4500m^3，20mm厚玻璃钢内筒5900m^2	
		对应于脱硫系统不设置GGH装置机组	

续表

<table>
<tr><th>序号</th><th>模块名称</th><th>技术条件</th><th>造价合计（万元）</th></tr>
<tr><td rowspan="8">一</td><td rowspan="4">C. 钢筋混凝土外筒、Q235钢板内筒套筒式烟囱，内筒内粘贴硼硅泡沫玻璃砖</td><td>其中：建筑工程费 2775 万元，设备购置费 0 万元，安装工程费 0 万元，材差 200 万元</td><td>2975</td></tr>
<tr><td>210m/ϕ7m</td><td rowspan="3"></td></tr>
<tr><td>钢筋混凝土基础 1620m^3，钢筋混凝土结构外筒壁 4500m^3，Q235 钢内筒 500t，内筒内粘贴硼硅泡沫玻璃砖</td></tr>
<tr><td>对应于脱硫系统不设置 GGH 装置机组</td></tr>
<tr><td rowspan="4">D. 钢筋混凝土单耐酸砖套筒烟囱</td><td>其中：建筑工程费 1797 万元，设备购置费 0 万元，安装工程费 0 万元，材差 165 万元</td><td>1962</td></tr>
<tr><td>210m/ϕ7m</td><td rowspan="3"></td></tr>
<tr><td>钢筋混凝土基础 1620m^3，钢筋混凝土外筒壁 4500m^3，内筒为耐酸胶泥砌筑耐酸砖 1250m^3</td></tr>
<tr><td>对应于 FGD 设置 GGH 装置机组</td></tr>
</table>

续表

序号	模块名称	技术条件	造价合计（万元）
一	8. 主厂房布置		
	热机范围	包括锅炉本体，制粉系统，烟风煤管道，锅炉其他辅机，汽轮机及发电机本体、汽轮机发电机辅助设备、旁路系统、除氧给水系统、汽机其他辅机，汽水管道和相关保温(包括锅炉本体保温含砌筑、烟风煤管道保温、汽水管道保温，锅炉及汽机辅机保温)	
	A. 前煤仓	其中：建筑工程费12683万元，设备购置费239万元，安装工程费10901万元，材差1596万元	25419
		主厂房布置为三列式，即汽机房、煤仓间和锅炉房，集中控制楼布置在两炉之间；汽机纵向，机头朝向固定端，汽机房跨度30m，煤仓间跨度11.5m（柱中心线间距），炉前跨7.2m，柱距9m；厂房长145.5m，运转层标高12.6m；主厂房钢筋混凝土结构，汽机房厂房体积141711m^3、煤仓间体积63949m^3、炉前封闭体积9798m^3；锅炉运转层以下封闭体积45128m^3，集控楼16323m^3；热网加热站16969m^3；主厂房体积293877m^3	

续表

序号	模块名称	技术条件	造价合计（万元）
一	A. 前煤仓	主汽管道（P91）；再热热段（P91）；再热冷段（A672B70CL32）；主给水管道（15NiCuMoNb5-6-4），（810t）	
		煤仓层皮带 B=1200mm，280m	
	B. 侧煤仓	其中：建筑工程费 10332 万元，设备购置费 215 万元，安装工程费 12367 万元，材差 1444 万元	24358
		汽机纵向，机头朝向固定端，主厂房钢筋混凝土结构，汽机房跨度 27m，煤仓间跨度 9m，侧煤仓间跨度 15m（柱中心线间距），厂房长 136.2m，汽机运转层标高 13.7m；汽机房厂房体积 119700m^3，除氧间体积 48266m^3，侧煤仓间体积 33127m^3，侧煤仓与锅炉之间部分 14979m^3，锅炉运转层以下封闭体积 57233m^3，炉前运转层以下 5726m^3，转运站体积 4057m^3	
		主汽管道（P91）；再热热段（P91）；再热冷段（A672B70CL32）；主给水管道（15NiCuMoNb5-6-4），（710t）	
		煤仓层皮带 B=1200mm，174m	

续表

序号	模块名称	技术条件	造价合计（万元）
二、燃料供应系统			
二	1. 厂内输煤	各模块的设计范围从卸煤点受卸设施起至主厂房原煤仓(不含原煤仓，含原煤仓料位信号）配煤点止,包括全部的工艺设备(含暖通、水工)、建（构）筑物(煤仓间和煤仓间端部转运站除外)和辅助生产设施;电控设备、煤泥沉淀池、煤水净化系统、输煤综合楼、推煤机库进入基本技术方案，不进入模块	
	A. 全部铁路敞车运煤进厂	其中：建筑工程费 14236 万元，设备购置费 5472 万元，安装工程费 700 万元,材差 0 万元	20408
		不含铁路配线(由主体设计院总图专业考虑）	
		翻车机室土建部分按 2 台翻车机一次建成,本期安装单车翻车机及其调车系统 1 套；1 重 1 空 1 走行;（二期 2×350MW 机组增设 1 套翻车机，1 重 1 空）	
		活化给煤机 Q=500～800t/h	
		动态轨道衡 1 台,火车取样机 1 台	

续表

序号	模块名称	技术条件	造价合计（万元）
二	A. 全部铁路敞车运煤进厂	煤场容量 2×350MW 机组 10 天耗煤量	
		斗轮堆取料机 1500/1000t/h，臂长 35m，折返式，1 台	
		推煤机 2 台，装载机 1 台	
		卸煤胶带机 B=1400mm，Q=1500t/h，单、双路设置；胶带机总长 L=1166m，上煤胶带机 B=1200mm，Q=1000t/h，单、双路设置；胶带机总长 L=1306m	
		滚轴筛 Q=1000t/h，2 台	
		环锤式碎煤机 Q = 800t/h，2 台	
		其中：建筑工程费 8457 万元，设备购置费 5063 万元，安装工程费 478 万元，材差 0 万元	13998
	B. 全部铁路底开车运煤进厂	与 A 模块的差别在于卸煤设施、煤场容量、斗轮机台数、卸煤系统的出力；不含铁路配线（由主体设计院总图专业考虑）	
		双线 10 车位底开车卸煤沟，有效长 156m；底开车 50 辆（卸煤沟二期不再扩建）	

续表

序号	模块名称	技术条件	造价合计（万元）
二	B. 全部铁路底开车运煤进厂	叶轮给煤机 Q=350～1000t/h，4台	
		动态轨道衡1台，火车取样机1台	
		煤场容量2×350MW机组10天耗煤量	
		斗轮堆取料机1000/1000t/h，臂长30m，折返式，1台	
		推煤机2台，装载机1台（二期2×350MW机组增设1台斗轮机）	
		运煤胶带机 B=1200mm，V=2.5m/s，Q=1000t/h，双路；胶带机总长 L=1900m	
		滚轴筛 Q=1000t/h，2台	
		环式碎煤机 Q=800t/h，2台	
	C. 全部汽车运煤进厂	其中：建筑工程费7333万元，设备购置费3486万元，安装工程费493万元，材差0万元	11312
		与A模块的差别在于卸煤设施、煤场容量、斗轮机台数、卸煤系统的出力；不含厂内外运煤道路（由主体设计院总图专业考虑）	

续表

序号	模块名称	技术条件	造价合计（万元）
二	C. 全部汽车运煤进厂	12 车位汽车卸煤沟，有效长 72m（二期 2×350MW 机组增设卸煤沟延长 8 个车位）	
		叶轮给煤机 Q=350～1000t/h，4 台	
		50t 汽车衡 4 台，汽车取制样机 3 台	
		煤场容量 2×350MW 机组 10 天耗煤量；斗轮堆取料机 1000/1000t/h，臂长 30m，折返式，1 台；推煤机 2 台，装载机 1 台（二期 2×350MW 机组增设 1 台斗轮机）	
		运煤胶带机 B=1200mm，V=2.5m/s，Q=1000t/h，双路；胶带机总长 L=1800m	
		滚轴筛 Q=1000t/h，2 台；环式碎煤机 Q=800t/h，2 台	
	D. CFB 机组，全部汽车运煤进厂，设混煤筒仓	其中：建筑工程费 11523 万元，设备购置费 6920 万元，安装工程费 546 万元，材差 0 万元	18989

续表

序号	模块名称	技术条件	造价合计（万元）
二	D. CFB机组，全部汽车运煤进厂，设混煤筒仓	按 2×350MW CFB 机组容量考虑，不考虑机组扩建；与A模块的差别在于卸煤设施、煤场容量、斗轮机台数、卸煤系统的出力；增设二级细碎设施；不含厂内外运煤道路	
		20 车位汽车卸煤沟，有效长121.6m	
		叶轮给煤机 Q=350～1000t/h，4 台	
		50t 汽车衡 6 台，汽车取制样机 4 台	
		煤场容量 2×350MW CFB 机组 10 天耗煤量	
		斗轮堆取料机 1000/1000t/h，臂长 30m，折返式，1 台	
		推煤机 2 台，装载机 2 台	
		3 座ϕ15m×3000t 筒仓，环式给煤机 Q＝350～1000t/h，3 台	
		运煤胶带机 B=1200mm，V=2.5m/s，Q=1000t/h，双路；胶带机总长 L=2600m	

续表

序号	模块名称	技术条件	造价合计（万元）
二	D. CFB机组，全部汽车运煤进厂，设混煤筒仓	原煤仓配煤方式采用犁煤器方案	17592
		一级筛碎	
		滚轴筛 Q=1000t/h，2 台	
		环式碎煤机 Q=800t/h，2 台	
		二级细碎	
		活化给煤机 Q=600t/h，4 台	
		匀料装置 Q=600t/h，4 台	
		环锤式细碎机 Q = 600t/h，4 台	
		其中：建筑工程费 9728 万元，设备购置费 7281 万元，安装工程费 583 万元，材差 0 万元	
	E. CFB机组，全部汽车运煤进厂，不设混煤筒仓	按 2×350MW CFB 机组容量考虑，不考虑机组扩建；与 A 模块的差别在于卸煤设施、煤场容量、斗轮机台数、运煤系统的出力；增设二级细碎设施；与 D 模块的差别在于没有混煤筒仓；不含厂内外运煤道路	
		20 车位汽车卸煤沟，有效长 121.6m	

续表

序号	模块名称	技术条件	造价合计（万元）
二	E. CFB 机组，全部汽车运煤进厂，不设混煤筒仓	叶轮给煤机 Q=300～800t/h，4 台	
		50t 汽车衡 6 台，汽车取制样机 4 台	
		煤场容量 2×350MW CFB 机组 10 天耗煤量	
		斗轮堆取料机 800/800t/h，臂长 30m，折返式，1 台；斗轮取料机 800t/h，臂长 30m，折返式，1 台；斗轮堆取料机和斗轮取料机同轨布置，煤场设备各对应一条煤场皮带机	
		推煤机 2 台，装载机 2 台	
		运煤胶带机 B=1200mm，V=2.0m/s，Q=800t/h，双路；胶带机总长 L=1080m	
		原煤仓配煤方式采用犁煤器方案	
		一级筛碎	
		滚轴筛 Q=800t/h，2 台	
		环式碎煤机 Q=500t/h，2 台	
		二级细碎	

续表

序号	模块名称	技术条件	造价合计（万元）
二	E. CFB 机组，全部汽车运煤进厂，不设混煤筒仓	活化给煤机 Q=500t/h，4 台	
		匀料装置 Q=500t/h，4 台	
		环锤式细碎机 Q = 500t/h，4 台	
	2. 煤场		
	A. 条形煤场	其中：建筑工程费 3140 万元，设备购置费 1402 万元，安装工程费 86 万元，价差 0 万元	4628
		从进入煤场的胶带机开始，至出煤场胶带机终止，此范围内的全部工艺、土建费用，不包括桩基处理费用	
		煤场为封闭条形煤场，容量为 2×350MW 机组 15 天耗煤量；厂度为 200m，宽度 100m	
		斗轮堆取料机堆料出力 1500t/h，取料出力 1000t/h，臂长 35m，1 台	
		卸煤胶带机 B=1400mm，Q=1500t/h，单、双路设置；胶带机总长 L=628m，上煤胶带机 B=1200mm，Q=1000t/h，单、双路设置；胶带机总长 L=146m，原煤仓配煤方式采用犁煤器方案	

续表

序号	模块名称	技术条件	造价合计（万元）
二	A. 条形煤场	推煤机2台，装载机1台	
	B. 圆形煤场	其中:建筑工程费8660万元，设备购置费1874万元，安装工程费103万元，价差0万元	10637
		从进入两座煤场的胶带机开始，至出煤场胶带机终止，此范围内的全部工艺、土建费用，包括转运站，不包括桩基处理费用	
		煤场直径110m，分离式现浇钢筋混凝土挡煤墙，屋面钢网架结构，压型钢板围护	
		单仓贮量万吨，煤场容量2×350MW机组15天耗煤量	
		堆取料机（堆料1500t/h，臂长38m；取料1000t/h，悬臂式）1台	
		卸煤胶带机 B=1400mm，Q=1500t/h，单、双路设置；胶带机总长 L=220m，上煤胶带机 B=1200mm，Q=1000t/h，单、双路设置；胶带机总长 L=220m	
		活化给煤机 Q=1000t/h　4台	
		推煤机2台，装载机2台	

续表

序号	模块名称	技术条件	造价合计（万元）
三、除灰系统			
三	1. 厂内除灰		
	A. 干灰集中至灰库	其中：建筑工程费 1468 万元，设备购置费 1096 万元，安装工程费 236 万元，材差 0 万元	2800
		正压气力除灰系统（灰斗法兰至灰库卸料设备出口、除灰控制系统），单台炉气力除灰系统出力 50t/h，输送距离 380m，双室四电场电除尘器	
		输送空压机 $43m^3/min$，4 台	
		灰库 D=12m，V（有效）=$1800m^3$，3 座	
		气力除灰管道，4 根 DN200，2 根 DN125	
		湿式搅拌机 150t/h，3 台	
		干灰卸料机 150t/h，5 台	
	B. 干灰集中至灰库，高浓度水力输送	其中：建筑工程费 1783 万元，设备购置费 1355 万元，安装工程费 558 元，材差 0 万元	3763
		正压气力除灰系统（灰斗法兰至灰库顶部设备、除灰控制系统），单台炉气力除灰系统出力 60t/h，输送距离 400m，双室四电场电除尘器	

续表

序号	模块名称	技术条件	造价合计（万元）
三	B. 干灰集中至灰库，高浓度水力输送	输送空压机，$43m^3/min$，4台	
		灰库 D=12m，V（有效）=$1000m^3$，3座	
		气力除灰管道，4根DN200，2根DN125	
		干灰制浆设备40t/h，6台	
		干灰散装机100t/h，3台	
		串联离心泵 Q=$380m^3/h$，4台	
		厂内除灰管2根DN300，100m（泵房外1m）	
	2. 厂内除渣		
	A. 机械除渣直接至渣仓，电瓶叉车运输石子煤	其中：建筑工程费235万元，设备购置费1005万元，安装工程费139万元，材差0万元	1379
		干式排渣机后接斗式提升机输送至渣仓的除渣系统(含控制系统）	
		MAC干式排渣机6～12t/h，2台；斗式提升机30t/h，4台	
		渣仓（露天）$200m^3$，2台	
		电瓶叉车2t，3台	

续表

序号	模块名称	技术条件	造价合计（万元）
三	B. 水力除渣至脱水仓，电瓶叉车运输石子煤	其中：建筑工程费961万元，设备购置费1123万元，安装工程费442万元，材差0万元	2526
		刮板捞渣机＋水力除渣至脱水仓的除渣系统（含控制系统）	
		刮板捞渣机，长度30m，出力7～30t/h，2台	
		碎渣机2台，40t/h	
		渣浆泵180m^3/h，4台	
		回水泵170m^3/h，3台	
		高效浓缩机ϕ8m，2台	
		脱水仓ϕ10m，2台	
		厂内输渣管（钢管），4根DN200，600m	
		电瓶叉车2.5t，2台	
	C. 风冷式排渣机，斗式提升机输送至渣仓，电瓶叉车运输石子煤	其中：建筑工程费86万元，设备购置费1094万元，安装工程费97万元，材差0万元	1277
		风冷式排渣机＋斗式提升机输送系统（含控制系统）	
		风冷式排渣机（含渣井、关断门），宽度1000mm，连续出力6t/h，最大出力12t/h，排渣温度150温以下，2台	

续表

序号	模块名称	技术条件	造价合计（万元）
三	C. 风冷式排渣机，斗式提升机输送至渣仓，电瓶叉车运输石子煤	碎渣机 25t/h，2 台	
		斗式提升机 25t/h，2 台	
		渣仓（露天）200m³，2 台	
		装车机 100t/h，4 台	
		电瓶叉车 2.5t，2 台	
	D. 风冷式排渣机，负压气力输送至渣仓，电瓶叉车运输石子煤	其中：建筑工程费 207 万元，设备购置费 1453 万元，安装工程费 235 万元，材差 0 万元	1895
		风冷式输渣机＋负压气力输送系统（含控制系统）	
		风冷式排渣机（含渣井、关断门），宽度 1000mm，连续出力 6t/h，最大出力 12t/h，排渣温度 150 温以下，2 台	
		一级碎渣机 25t/h，2 台	
		缓冲仓 8m³，2 台	
		二级碎渣机 30t/h，2 台	
		负压气力集中系统（含渣仓顶部除尘器、真空释放阀等），出力 16t/h，输送距离 170m，输送管道 4 根 DN250	

续表

序号	模块名称	技术条件	造价合计（万元）
三	D. 风冷式排渣机，负压气力输送至渣仓，电瓶叉车运输石子煤	负压风机 91m^3/min、−49kPa，4 台	
		渣仓（露天）400m^3，1 台	
		装车机 100t/h，2 台	
		电瓶叉车 2.5t，2 台	
	3. 厂外除灰		
	A. 汽车运灰渣	其中：建筑工程费 906 万元，设备购置费 0 万元，安装工程费 0 万元，材差 0 万元	906
		运灰公路 5km，20 级路面，路面宽 7m，路基宽 8.5m，占地 75 亩	
	B. 高浓度水力除灰，汽车运渣	其中：建筑工程费 1117 万元，设备购置费 0 万元，安装工程费 2880 万元，材差 0 万元	3997
		除灰管 2 根 DN300，10km；灰水回水管 1 根 Φ325，10km	
四、水处理系统			
四	1. 锅炉补给水处理系统		
	A. 反渗透系统	其中：建筑工程费 0 万元，设备购置费 1293 万元，安装工程费 417 万元，材差 0 万元	1710

续表

序号	模块名称	技术条件	造价合计（万元）
	A. 反渗透系统	3×65t/h 超滤、反渗透加 2×80t/h 一级除盐、混床系统，不含超滤前的预处理，含酸碱系统、废水泵及除盐水箱等	
	B. 无反渗透系统	其中：建筑工程费 0 万元，设备购置费 463 万元，安装工程费 321 万元，材差 0 万元	784
		过滤加一级除盐加混床系统，净出力为 70～90t/h	
	2. 热网补充水处理系统		
四	A. 反渗透系统	无	
	B. 反渗透系统	其中：建筑工程费 0 万元，设备购置费 374 万元，安装工程费 94 万元，材差 0 万元	468
		采用超滤加一级反渗透出水，处理量为 2×50t/h	
	C. 钠离子软化系统	其中：建筑工程费 0 万元，设备购置费 44 万元，安装工程费 31 万元，材差 0 万元	75
		处理量为 2×100t/h	

续表

序号	模块名称	技术条件	造价合计（万元）
四	3. 循环水稳定处理系统		
	A. 加药处理	其中：建筑工程费0万元，设备购置费43万元，安装工程费26万元，材差0万元	69
		加酸加稳定剂	
	B. 弱酸处理	其中：建筑工程费0万元，设备购置费393万元，安装工程费305万元，材差0万元	698
		过滤加双流弱酸离子交换器方案；处理水量800t/h	
	4. 电厂循环水加氯系统		
	A. 电解食盐制氯	其中：建筑工程费0万元，设备购置费81万元，安装工程费13万元，材差0万元	94
		电解食盐制氯（2×5kg/h），边界条件为：电解制氯间墙中心线外1m处，含工艺设备及管道、阀门，制氯间内的电气及控制设备等	
	B. 电解海水	其中：建筑工程费0万元，设备购置费403万元，安装工程费18万元，材差0万元	421

续表

<table>
<tr><th>序号</th><th>模块名称</th><th>技术条件</th><th>造价合计（万元）</th></tr>
<tr><td rowspan="9">四</td><td>B. 电解海水</td><td>电解海水系统（1×90kg/h），边界条件为:电解制氯间墙中心线外 1m 处，含工艺设备及管道、阀门，制氯间内的电气及控制设备等</td><td></td></tr>
<tr><td rowspan="2">C. 化学法制二氧化氯</td><td>其中：建筑工程费 0 万元，设备购置费 60 万元，安装工程费 12 万元，材差 0 万元</td><td>72</td></tr>
<tr><td>2×10kg/h</td><td></td></tr>
<tr><td colspan="3">5. 凝结水精处理</td></tr>
<tr><td rowspan="2">A. 3×50% 的高速混床</td><td>其中：建筑工程费 0 万元，设备购置费 1188 万元，安装工程费 266 万元，材差 0 万元</td><td>1454</td></tr>
<tr><td>2 机合用 1 套再生系统；含树脂、阀门、电气控制</td><td></td></tr>
<tr><td rowspan="2">B. 2×50% 阳阴分床方案</td><td>其中：建筑工程费 0 万元，设备购置费 1188 万元，安装工程费 15 万元，材差 0 万元</td><td>1203</td></tr>
<tr><td>适用于空冷机组，2 机合用 1 套再生系统，含树脂、阀门、电气控制</td><td></td></tr>
</table>

续表

序号	模块名称	技术条件	造价合计（万元）
	C. 2×100%粉末树脂覆盖过滤系统	其中：建筑工程费0万元，设备购置费574万元，安装工程费4万元，材差0万元	578
		适用于空冷机组，1机1套铺膜系统，含电气控制及1年的树脂粉	
	6. 城市污水处理厂再生水（中水）深度处理		
四	A. 石灰凝聚、澄清、过滤处理（无除气装置，无曝气生物滤池）	其中：建筑工程费2355万元，设备购置费1511万元，安装工程费208万元，材差0万元	4074
		处理水量：1300～1500t/h	
		设计界限：污水深度处理站界区中心线1m处，包括加消石灰、加凝聚剂、加氯、加硫酸pH调整系统，以及污泥浓缩池、脱水机，无除气装置及生物滤池；澄清池不封闭	
		处理后做循环水补充水及全厂工业用水、锅炉补给水水源	
		污水处理厂至电厂管道投资另计	

续表

序号	模块名称	技术条件	造价合计（万元）
四	B. 前置处理加微滤或超滤	其中：建筑工程费 146 万元，设备购置费 806 万元，安装工程费 66 万元，材差 0 万元	1018
		处理水量：400t/h，过滤膜采用压力式微滤膜	
		处理后仍需软化或除盐做循环水补充水及全厂工业用水、锅炉补给水水源	
		污水处理厂至电厂管道投资另计	
	C. 前置处理加微滤或超滤	其中：建筑工程费 84 万元，设备购置费 463 万元，安装工程费 41 万元，材差 0 万元	588
		处理水量 200t/h，其余条件同模块 B	
	D. 无中水处理		
五、供水系统			
五	A. 二次循环：采用中水	其中：建筑工程费 10851 万元，设备购置费 1218 万元，安装工程费 5507 万元，材差 1441 万元	19017

续表

序号	模块名称	技术条件	造价合计（万元）
五	A. 二次循环：采用中水	扩大单元制，压力水管 2×DN2400，焊接钢管，管线总长 L=1800m	
		主厂房循环水管道 DN2400	
		5000m^2 逆流式自然通风冷却塔 2 座，考虑防冻措施	
		循环水泵 4 台（立式斜流泵）；集中循环水泵房 1 座，进水间和泵房全封闭，下部结构 24.5m×21m×8.5m（长×宽×深），地上结构 23m×35m×16.7m（长×宽×高）	
		补充水管 1×DN700，焊接钢管，管道长度 L=5km	
		补给水泵 3 台；补给水泵房 1 座	
		备用水泵房设 3 台补给水泵，土建按 5 台泵一次建成；下部结构 19m×16.9m×20.48m（长×宽×深），上部结构 14m×25m×13.5m（长×宽×高）；自流引水管 300m，钢制喇叭口取水头；输水管 1×DN700，长度 L=15km	

续表

序号	模块名称	技术条件	造价合计（万元）
		其中：建筑工程费9200万元，设备购置费1736万元，安装工程费560万元，材差600万元	12096
五	B. 直流供水：河（湖）心取水[①]	钢制取水头2个	
		引水管道2×DN2800×800m，顶管施工	
		循环水泵4台；循环水泵房：34m×26m×19.2m，沉井施工	
		扩大单元制，压力水管，2×DN2400×1000m，预应力钢筋混凝土管	
		主厂房循环水管道DN2400	
		循环水排水虹吸井2座	
		双孔钢筋混凝土排水沟，2×2.5m×2.5m×960m	
		排水连接井13.4m×20m，深16.5m	
		排水管道2×DN2800×180m，顶管	
		敞开式排水口：消力池、消力坎、浆砌石护底，消力池由5m渐扩至15m，L=10m，围堰施工	

续表

序号	模块名称	技术条件	造价合计（万元）
五	B. 直流供水：河（湖）心取水①	海水直流系统时：淡水取水泵房一座，补给水泵3台，土建按4台一次建成；补给水管2×DN350×15km，地表水净化站在厂内布置，处理容量2×250m³/h，采用二级处理工艺：斜管/板混凝沉淀＋过滤（部分）	
		淡水直流系统时：处理容量2×400m³/h，采用二级处理工艺：斜管/板混凝沉淀＋过滤（部分）	
	C. 直流供水：河（湖）岸边敞开式取水②	其中：建筑工程费8151万元，设备购置费2004万元，安装工程费777万元，材差768万元	11700
		明渠40×470m；沟两侧设挡砂堤；前池60m×100m	
		循环水泵4台（立式斜流泵）；循环水泵房：地下结构23.7×25.8×13.4，地上结构29.4×25.8×13.8，地下连续墙施工	
		主厂房循环水管道DN2400	
		扩大单元制，压力水管，2×DN2400×1000m预应力钢筒混凝土管	

续表

序号	模块名称	技术条件	造价合计（万元）
五	C. 直流供水：河（湖）岸边敞开式取水②	虹吸井：20m×10m×7m	
		双孔钢筋混凝土排水沟：2×2.5m×2.5m×960m	
		排水连接井：13.4m×20m，深16.5m	
		排水管道2×DN2800×180m，顶管	
		敞开式排水口：消力池、消力坎、浆砌石护底，消力池由5m渐扩至15m，*L*=10m，围堰施工	
		补充水系统同B	
	D. 直接空冷	其中：建筑工程费5827万元，设备购置费11719万元，安装工程费5473万元，材差736万元	23755
		机械通风直接空冷，每机排汽主管管径为1×Φ5.5m，空冷凝汽器为双排管，每机空冷凝汽器面积950015m^2	
		每机设变频调速低噪声风机30台，直径9.754m，电动机功率N=132kW	

续表

序号	模块名称	技术条件	造价合计（万元）
		2台机组空冷平台尺寸143m×58m，平台高度35 m,（钢筋混凝土空心管柱、钢结构平台）	
		辅机冷却水系统母管制，压力钢管1×DN900	
		辅机冷却水配3×35%水量机力塔，尺寸3×11m×11m	
		辅机循环水泵3台，辅机循环水泵房1座，19.5m×9m（地上高7m、地下深3.5m）	
五	D. 直接空冷	地表水，2×DN400×15km补给水管，升压泵房1座，补给水泵3台，14m×9m(地上高6.5m、地下深9.6m）	
		地表水净化站在厂内布置，处理容量 2×350m^3/h，处理工艺同A,（若以中水作为辅机循环水的补充水源，地表水处理容量适当减少）	
		直接空冷系统的380V负荷由空冷低压变压器供电，空冷低压变压器由主厂房6kV厂用电系统供电	

续表

序号	模块名称	技术条件	造价合计（万元）
	D. 直接空冷	每台机组增加：DCS 约 900 点；变送器、热电阻、温度测量等仪表与控制设备及电缆桥架安装材料等 1 套	
		空冷平台高 35m，薄壁空心钢筋混凝土柱、直径 3.8m，空间钢桁架平台	
		其中：建筑工程费 14196 万元，设备购置费 13349 万元，安装工程费 7726 万元，材差 1863 万元	37134
五	E. 间接空冷	自然通风间接空冷，空冷散热器为六排管单流程，两机一塔，空冷散热器总面积 $1990000m^2$	
		自然通风冷却塔尺寸：底部直径 156.4m，散热器外缘直径 164.4m，出口直径 96m，喉部直径 91m，塔高 170m	
		循环水泵按每台机组 3×35%配置，循环水泵房 1 座，42m×18m（地上高 12.5m，地下深 6.1m）	

续表

序号	模块名称	技术条件	造价合计（万元）
五	E. 间接空冷	扩大单元制，压力水管 2×DN2400，焊接钢管，管线总长 L=1200m	
		主厂房循环水管道 DN2400	
		辅机冷却水配 2×35%水量机力塔，尺寸 2.7m×11.6m×11.6m 座	
		辅机循环水泵 3 台，辅机循环水泵房 1 座，22.5m×9m（地上高 7.7m、地下深 6.1m）	
		地表水，2×DN400×15km 补给水管，补给水泵 3 台，升压泵房 1 座，14m×9m（地上高 6.5m，地下深 9.6m）	
		地表水净化站在厂内布置，处理容量 2×350m^3/h，处理工艺同 A（若以中水作为辅机循环水的补充水源，地表水处理容量适当减少）	
		每台机组增加 DCS 约 1000 点；变送器、热电阻、温度测量等仪表与控制设备及电缆桥架安装材料 1 套	
		凝汽器面积 21000m^2	

续表

序号	模块名称	技术条件	造价合计（万元）
六、电气系统			
六	配电装置		
	A. 220kV屋外中型配电装置（不带旁路母线）	其中：建筑工程费378万元，设备购置费566万元，安装工程费127万元，材差0万元	1071
		配电装置规模为8个间隔（2进、2出、1个母联、1个启动/备用电源、2个TV及避雷器间隔）	
	B. 220kV国产GIS配电装置	其中：建筑工程费515万元，设备购置费1128万元，安装工程费62万元，材差0万元	1672
		配电装置规模为8个间隔（2进、2出、1个母联、1个起动/备用电源、2个TV及避雷器间隔）	
	C. 220kV发变线路组单元接入系统	其中：建筑工程费173万元，设备购置费427万元，安装工程费233万元，材差0万元	833
		2回出线，起动/备用电源由系统引接220kV一回5km，220kV变电所扩建1个间隔	

续表

序号	模块名称	技术条件	造价合计（万元）
七、热工控制系统			
七	1. 生产期MIS		
	A. 微机服务器双机		750
		主服务器具有中速响应、中速数据交换能力，保证信息系统不间断运行，采用微机双机热备+磁盘阵列	
		中心交换机支持三层交换、能实现不同层交换路径负载均衡、具有多个千兆光纤端口、支持冗余配置、满足VLAN划分要求等	
		系统软件满足微机服务器对操作系统以及数据库的要求，具有网络管理、数据备份、防病毒等功能，系统安全性高	
		应用软件满足电厂日常信息管理要求，具有生产管理、经营管理、设备管理、燃料管理、办公管理等功能，并具有信息集成功能	
	B. ERP方案		500
		主服务器具有中速响应、中速数据交换能力，保证信息系统不间断运行，采用微机双机热备+磁盘阵列	

续表

序号	模块名称	技术条件	造价合计（万元）
七	B. ERP方案	中心交换机支持三层交换、能实现不同层交换路径负载均衡、具有多个千兆光纤端口、支持冗余配置、满足 VLAN 划分要求等	
		系统软件满足微机服务器对操作系统以及数据库的要求，具有网络管理、数据备份、防病毒等功能，系统安全性高	
		主要管理功能由集团公司统一部署的 ERP 或 EAM 完成，电厂侧只配置 ERP 或 EAM 系统功能外的管理软件	
	2. 数字化燃料管理系统	范围：含制样化验系统编码机、扫码器，激光盘煤仪，视频监视、门禁管理系统，网络通信设备，数据接口设备，软件平台，不含汽车衡、轨道衡、取样机、化验设备	
	A. 未设置数字化燃料管理系统		0

续表

序号	模块名称	技术条件	造价合计（万元）
七	B. 圆形煤场（火车运煤进厂）	1重1空火车入厂调度系统，2个煤场，每个煤场激光盘煤仪3套	500
	C. 圆形煤场（汽车运煤进厂）	3重1轻12车位卸煤沟汽车入厂调度系统，2个煤场，每个煤场激光盘煤仪3套	542
	D. 条形煤场（火车运煤进厂）	1重1空火车入厂调度系统，1个煤场，每个煤场轨道式激光盘煤仪1套	300
	E. 条形煤场（汽车运煤进厂）	3重1轻12车位卸煤沟汽车入厂调度系统，1个煤场，煤场轨道式激光盘煤仪1套	342
八、附属生产工程			
八	1. 暖通及启动锅炉		
	A. 集中采暖区	其中：建筑工程费2116万元，设备购置费0万元，安装工程费0万元，材差0万元	2116
		有采暖系统，燃煤，20t/h，1.29MPa，300℃，2台	
	B. 非集中采暖区	其中：建筑工程费1158万元，设备购置费0万元，安装工程费0万元，材差0万元	1158

续表

序号	模块名称	技术条件	造价合计（万元）
八	B. 非集中采暖区	无采暖系统，燃油，20t/h，1.29MPa，300℃，1 台	
	2. 氢气系统		
	A. 制氢干燥储存系统	其中：建筑工程费 54 万元，设备购置费 211 万元，安装工程费 22 万元，材差 1 万元	288
		1×10Nm^3/h 水电解制氢、干燥装置，配贮氢罐 4 个	
	B. 外购氢气系统	其中：建筑工程费 91 万元，设备购置费 64 万元，安装工程费 7 万元，材差 0 万元	162
		设置集装氢瓶及实验室检测仪表，不设在线监测仪表及大型贮氢罐、氢气干燥装置	
九、交通运输工程			
九	A. 铁路运输（翻车机）	厂外铁路 10km，厂内铁路 3.3km	10990
	B. 铁路运输（底开车）	厂外铁路 10km，厂内 3km	10900
	C. 汽车运输	厂外专用运煤公路 3km，20 级路面，路面宽 7m，路基宽 8.5m	1468

续表

序号	模块名称	技术条件	造价合计（万元）
十、地基处理			
十	A. 25m左右钢筋混凝土桩	主厂房、烟囱、汽机基础、锅炉、集控楼、电除尘、送风机支架、引风机支架、烟道支架和输煤转运站等采用25m左右450×450预制钢筋混凝土桩，部分辅助附属建筑物采用复合地基	3549
	B. 35m左右PHC桩	主厂房、烟囱、锅炉、集控楼、电除尘、送风机支架、引风机支架、烟道支架和输煤转运站等采用PHC桩，ϕ600×110，桩长35m；部分辅助附属建筑物采用复合地基	14211
	C. 48m左右钢筋混凝土桩	主厂房、烟囱、汽机基础、锅炉、集控楼、电除尘等采用48m左右ϕ800钻孔灌注桩，送风机支架、引风机支架、烟道支架和输煤转运站、灰库等采用30m左右ϕ600钻孔灌注桩，辅助附属建筑物采用复合地基	8407
	D. 振冲碎石桩	主厂房、烟囱、锅炉、集控楼、电除尘、送风机支架、引风机支架、输煤转运站和冷却塔等采用振冲碎石桩，桩长约10m，碎石桩约7万m^3	2608

续表

序号	模块名称	技术条件	造价合计（万元）
十	E. 岩溶发育地区	主厂房、烟囱、汽机、锅炉基础等主要采用岩石做天然地基，浅层溶沟、溶槽、石芽、溶蚀裂隙及小溶洞发育；或基岩埋藏较深，基岩顶面起伏较大，需采用换填毛石混凝土、桩基、梁板跨越等进行地基处理；填方地段辅助建（构）筑物需采用复合地基、桩基等进行地基处理	3517
十一、厂区及施工区土石方工程			
十一	A. 平原电厂	20 万 m^3	352
	B. 山区电厂	230 万 m^3（土石比 6:4）	9934
	C. 吹沙填海电厂	200 万 m^3	3000
十二、灰场			
十二	A. 供热机组灰场	事故备用灰场，可供 2×350MW 机组使用 6 个月左右；占地面积 100m×200m，设计堆灰高度 5m；库底铺设防渗土工膜方式防渗	568

续表

序号	模块名称	技术条件	造价合计（万元）
十二	B. 山谷灰场	山谷干灰场，占地 45hm^2，满足堆灰 5 年；坝体工程量约 2.8 万 m^3，初期考虑部分面积防渗；设灰场管理站	7262
十三、脱硫装置系统			
十三	1. 不同技术路线		
	A. 单塔双循环		13340
	B. 双塔双循环		14121
	2. 湿法脱硫主体		
	湿法脱硫主体（不含GGH）		9950
		燃煤收到基含硫量 1.3%	
		燃煤低位发热量 20000kJ/kg	
		脱硫效率 98.9%	
		喷淋吸收塔 2 座	
		事故浆液箱 1 座	
		氧化风机 4 台	
		循环泵 12 台	

续表

序号	模块名称	技术条件	造价合计（万元）
十三	湿法脱硫主体（不含GGH）	脱硫负荷由高压厂用工作母线引接，2台炉设低压脱硫变2台，互为备用，交流事故保安负荷由机组保安电源统一供给，设1组110V 300Ah直流蓄电池，单独设1套20kVA交流不停电电源（UPS）	
		脱硫主控制系统采用 DCS；视频监视系统1套；每台机组烟气连续监测装置（烟气进、出口）2套；火灾自动报警系统1套；脱硫pH仪、浆液分析仪、电磁流量仪、物位仪、逻辑开关、电动/气动执行机构、变送器、热电偶、风量测量及一次检测元件等就地仪表2套	
		不含地基处理	
	3. 石灰石制备系统		
	A. 石灰石制浆（湿磨）		1877
		粒径不大于20mm的石灰石块进厂	
		脱硫岛内设湿磨制浆车间，直接制备石灰石浆液	
		湿式球磨机12t/h，2台	

续表

序号	模块名称	技术条件	造价合计（万元）
十三	A. 石灰石制浆（湿磨）	混凝土石灰石块仓，一座，3天储量	
	B. 石灰石制浆（干磨）		2815
		粒径不大于 30mm 的石灰石块进厂	
		中速磨机 12t/h，2 台	
		磨制车间混凝土石灰石粉仓，1 座，3 天储量	
		混凝土石灰石块仓，1 座，3 天储量	
		增设两台 500kVA 低压变，互为备用	
	C. 石灰石粉制浆	成品石灰石粉进厂	538
		钢筋混凝土石灰石粉仓，厂内石灰石粉仓，1 座，3 天储量	
		石灰石粉仓及石灰石浆液池采用钢筋混凝土现浇结构	
	4. 石膏脱水系统		
	A. 皮带机脱水、石膏库储放		1514
		真空皮带脱水机 21t/h，2 台	
		混凝土石膏库房，3 天容量	
		单点落料，行车整理	

续表

序号	模块名称	技术条件	造价合计（万元）
十三	B. 皮带机脱水、石膏仓		1561
		真空皮带脱水机 21t/h，2 台	
		混凝土石膏仓，1 座，2 天容量	
		石膏仓卸料装置，84 t/h，1 台	
	C. 无脱水，石膏浆液外送		492
		石膏输送管线 3km 抛弃点高差起伏不大，不考虑抛弃泵后的抛弃输送管投资	
十四、脱硝装置系统			
十四	A. 同步脱硝（尿素热解）	造价范围说明：含设备、建筑、安装、其他费用、价差及基本预备费	6804
		催化剂的层数按初装 2 层设计	
		尿素贮存、溶解、热解和输送系统及设备	
	B. 同步脱硝（液氨）	造价范围说明：含设备、建筑、安装、其他费用、价差及基本预备费	6766
		催化剂的层数按初装 2 层设计	

续表

序号	模块名称	技术条件	造价合计（万元）
十四	B. 同步脱硝（液氨）	液氨的贮备系统及设备(含液氨卸载装置及贮罐）	
		省煤器和 SCR 均不设烟气旁路	

① 若为深海取水，造价 19354 万元。

② 若为海边敞开式取水，造价 14696 万元。

二、2×660MW 超超临界燃煤机组火电工程限额设计参考造价指标及调整模块

（一）编制说明

1. 主要编制依据

（1）主要设备价格以中国电能成套设备有限公司提供的资料为基础，并综合考虑各发电集团公司意见，同时参照实际工程招标情况作了部分修正。

（2）建筑、安装工程主要材料价格采用北京地区 2022 年价格，其中安装材料的实际价格以电力建设工程装置性材料价格资料为基础，并结合 2022 年实际工程招标价格作了综合测算。人工工资、定额材料机械调整执行电力工程造价与定额管理总站《关于发布发 2018 版电力建设工程概预算定额 2022 年度价格水平调整的通知》（定额〔2023〕1 号）。

（3）定额采用国家能源局 2019 年 11 月发布的《电力建设工程概算定额》（2018 年版），部分项目采用《北京市建筑工程概算定额》。

（4）费用标准按照 2019 年 11 月国家能源局发布的《火力发电工程建设预算编制与计算规定》，其他政策文件依照惯例使用至 2022 年年底止。

（5）国产机组造价内已含少量必要的进口设备、材料费用，进口汇率按 1USD＝6.8854RMB，其相应的进口费用已

计入设备材料费中，其中的关税按《中华人民共和国进出口关税条例》中的优惠税率计。

（6）抗震设防烈度按 7 度考虑。

（7）本指标价格只计算到静态投资，基本预备费率为 3%。

2. 编制范围

本指标不包括下列内容：

（1）灰渣综合利用项目（指厂外项目）；

（2）厂外光纤通信工程；

（3）地方性的收费；

（4）项目融资工程的融资费用；

（5）价差预备费；

（6）建设期贷款利息。

3. 基本技术组合方案说明

与 2021 年水平相比，生产附属及公共福利工程面积、监控视频点数、钢结构防火范围进行了调整。

4. 费用变化说明

取价原则变化，价格水平贴近市场，采用中等偏低价格。

5. 调整指标及模块有关说明

与 2021 年水平相比，增加了 220kV GIS 模块。

每个模块列出的明细表仅为该模块各方案间有差异的主要内容，模块方案造价不只包含明细表中列出的内容，模块造价为静态投资，含模块界限内的建筑、设备、安装费用，不含其他费用、材料价差（烟风煤管道、高压汽水管道、中低压管道价差，以及烟囱和主厂房结构模块的建筑材料价差除外）及基本预备费，脱硫及脱硝模块为完整的静态投资（含材差、其他费用及基本预备费），模块各方案造价的边界一致，可以互换，个别模块需要与其他模块联合使用。若现有调整模块不能覆盖实际工程的技术条件时，造价分析时可根据工程实际情况自行调整。

（二）2×660MW 机组参考造价指标

（单位：元/千瓦）

机组容量			2022 年
2×660MW 超超临界	两台 机组	新建	3835
		扩建	3282

注 1 “扩建”指在规划容量内连续扩建 2 台同型机组，详细技术条件与工程量见附表，在其他条件下必须进行调整。

2 依托老厂、机组类型大于上期的建设项目，单位千瓦造价约为新建工程的 92%。

（三）各类费用占指标的比例

（单位：%）

机组容量	建筑工程费用	设备购置费用	安装工程费用	其他费用	合计
2×660MW 超超临界	25.37	42.32	19.02	13.29	100

（四）2×660MW 机组新建工程其他费用汇总表

（单位：万元）

序号	工程或费用名称	2022 年
一	建设场地占用及清理费	12536
二	项目建设管理费	11356

续表

序号	工程或费用名称	2022 年
三	项目建设技术服务费	14817
四	整套启动试运费	6819
五	生产准备费	4504
六	大件运输措施费	300
合计		**50333**

注　不含基本预备费，不含脱硫、脱硝装置系统的其他费用。

（五）2×660MW 机组新建工程主要参考工程量

序号	项目名称	单位	2022 年
一	主厂房体积	m^3	431482
1	汽机房体积	m^3	179871
2	煤仓间体积	m^3	126614
3	炉前封闭体积	m^3	12788
4	锅炉运转层以下封闭体积	m^3	90368
5	集控楼体积	m^3	21841
二	热力系统汽水管道，其中：	t	3540
1	高压管道	t	2084
（1）	主蒸汽管道	t	542
（2）	再热蒸汽（热段）	t	600
（3）	再热蒸汽（冷段）	t	302
（4）	主给水管道	t	640

续表

序号	项目名称	单位	2022年
2	中低压管道	t	1650
三	烟风煤管道	t	3695
四	热力系统保温油漆（含炉墙保温）	m^3	19807
五	全厂电缆，其中：	km	2210
1	电力电缆	km	355
2	控制电缆	km	1855
六	电缆桥架（含支架）	t	1632
七	土建主要工程量		
1	主厂房基础	m^3	4014
2	主厂房框架	m^3	8443
3	主厂房吊车梁	t	197
4	钢煤斗	t	768
5	汽机平台	m^2	5000
6	主厂房钢屋架	t	450
	其中：钢屋架	t	187
	钢支撑、檩条	t	263
八	建筑三材量		
1	钢筋	t	31437
2	型钢	t	13626

续表

序号	项目名称	单位	2022 年
3	木材	m^3	789
4	水泥	t	109300
九	厂区占地面积	hm^2	44
十	施工临时用地面积	hm^2	25

注 1 主厂房体积含集控楼体积，含锅炉运转层以下部分体积。

2 建筑三材量不包括铁路、码头部分。

3 锅炉的本体管道保温按照工程量项目划分原则归入全厂保温油漆的量中。

4 高压管道工程量计算以锅炉 K1 柱外 1m 为界。K1 柱处主汽管道标高为 74.9m，再热冷段管道标高为 74.9m，再热热段管道标高为 42.3m，主给水管道标高到省煤器入口。

5 不含脱硫、脱硝装置系统各项工程量。

6 电缆桥架采用镀锌钢材。

（六）建筑材料及征地价格

序号	项目名称	单位	2022 年实际单价（不含税）
一、建筑三材			
1	水泥	元/t	478
2	木材	元/m^3	—
3	钢筋	元/t	4113
4	型钢	元/t	4342
5	钢板	元/t	4236

续表

序号	项目名称	单位	2022年实际单价（不含税）
二、征地			
1	厂区及厂外道路	元/亩	120000
2	灰场	元/亩	70000
三	临时用地	元/（亩·年）	5000

（七）660MW机组装置性材料实际综合价格

序号	材料名称	单位	2022年参考单价（不含税）	
			超临界	超超临界
1	主蒸汽管道P91/P92	元/t	67872	69715
2	再热热段蒸汽管道（P22/P91/P92）	元/t	72361	75132
3	再热冷段蒸汽管道	元/t	21456	35140
4	主给水管道	元/t	37140	48699
5	锅炉排污、疏放水管道	元/t		10808
6	汽机抽汽管道	元/t		24280
7	辅助蒸汽管道	元/t		18317
8	加热器疏水、排气、除氧器溢放水管道	元/t		23790

续表

序号	材料名称	单位	2022年参考单价（不含税）	
			超临界	超超临界
9	凝汽器抽真空管道	元/t		20202
10	汽轮机本体轴封蒸汽及疏水系统	元/t		15671
11	汽轮发电机组油、氮气、二氧化碳、外部冷却水系统管道	元/t		20297
12	给水泵汽轮机本体系统管道	元/t		18471
13	主厂房循环水、冷却水管道	元/t		14058
14	主厂房内空气管道	元/t		17235
15	中低压给水管道	元/t		19006
16	0号柴油	元/t		7660
17	烟道	元/t		8530
18	热风道	元/t		8762
19	冷风道	元/t		8395
20	送粉管道	元/t		12050
21	原煤管道	元/t		6533

续表

序号	材料名称	单位	2022年参考单价（不含税）	
			超临界	超超临界
22	岩棉	元/m^3		400
23	硅酸铝	元/m^3		517
24	微孔硅酸钙	元/m^3		1246
25	超细玻璃棉	元/m^3		687
26	电力电缆（6kV以上）	元/km		261167
27	电力电缆（6kV以下）	元/km		81215
28	电气控制电缆	元/km		12048
29	热控电缆	元/km		10094
30	计算机电缆	元/km		9684
31	补偿电缆（综合价）	元/km		27821
32	共箱母线	元/m		5505
33	共箱母线（交流励磁）	元/m		10705
34	共箱母线（直流励磁）	元/m		7405
35	电缆桥架（钢）	元/t		9123
36	电缆支架（钢）	元/t		6664

注 炉墙砌筑材料价格在保温材料中统一体现。

共箱母线/励磁母线均为铜导体。

（八）660MW 机组设备参考价格

（单位：万元）

序号	设备名称	规格型号	单位	2022 年参考价
一、热力系统				
1	锅炉（烟煤）	超超临界，2050t/h，29.4MPa（a）/605℃/623℃，不含节油点火装置	台	32200
2	锅炉（烟煤）	二次再热	台	44200
3	W 型锅炉	超临界，2140t/h，不含节油点火装置	台	32100
4	锅炉（褐煤）	超超临界，2050t/h，29.4MPa（a）/605℃/623℃，不含节油点火装置	台	34700
5	循环流化床锅炉	超超临界，2050t/h，29.4MPa（a）/605℃/623℃，不含节油点火装置	台	45500
6	节油点火装置	等离子点火装置（2 层）	套/炉	360
7	节油点火装置	小油枪点火装置	套/炉	170
8	汽轮机	超超临界，660MW，湿冷，四缸四排汽，28MPa（a）/600℃/620℃	台	16500
9	汽轮机	二次再热	台	23340

续表

序号	设备名称	规格型号	单位	2022年参考价
10	汽轮发电机	QFSN-660-2，含静态励磁系统	台	7500
11	中速磨煤机	HP-1003（减速器关键部件进口）/MPS212-Ⅱ型/ZGM113（含密封风机等）	台	410
12	中速磨煤机	MPS225-HP-Ⅱ型（含密封风机等），适用于褐煤	台	550
13	双进双出钢球磨	MPS4366/1800kW（含钢球、润滑油、密封风机等）	台	830
14	风扇磨	MB3600，47.22/86.5，1350kW	台	530
15	电子称重式给煤机	10－100t/h	台	25
16	送风机（含电机）	动叶可调轴流式 Q=971604m^3/h，1600kW	台	140
17	引风机（含电机）	动叶可调轴流式 Q=2354400m^3/h，8500kW（引风机与增压风机合并）	套	290

续表

序号	设备名称	规格型号	单位	2022年参考价
18	一次风机（含电机）	动调轴流，$Q=471600m^3/h$，3400kW	台	155
19	低温省煤器	一级，重量950t，ND钢	套	1240
20	电除尘器	双室五电场（含高频电源），$\eta \geqslant 99.84\%$，3470t	套	3950
21	电除尘器	双室五电场（含高频电源），采用低低温技术，$\eta \geqslant 99.92\%$，3470t	套	4540
22	湿式除尘器	双室一电场（含电源），$\eta \geqslant 70\%$	套	1950
23	50%汽动给水泵	含主泵、前置泵（配超超临界机组）	台	550
24	50%给水泵小汽机	配超超临界机组	台	625
25	100%汽动给水泵	配超超临界机组，前置泵与主泵同轴布置，含主泵、前置泵、减速箱，主泵，减速箱整体进口	台	840
26	100%汽动给水泵小汽机	小汽机及MEH等仪表与控制系统，含凝汽器	台	1030
27	35%电动给水泵	主泵，前置泵，液力偶合器（配超超临界机组）（进口芯包）	套	920

续表

序号	设备名称	规格型号	单位	2022年参考价
28	30%电动给水泵	配超/超超临界机组，启动泵，定速泵，含主泵、前置泵、齿轮箱、主泵电机，不含出口调节阀。芯包国产，出口和最小流量阀逆止门进口	台	315
		配超/超超临界机组，含主泵、前置泵、进口液力耦合器、主泵电机，不含出口调节阀。芯包国产，出口和最小流量阀逆止门进口	台	500
29	凝汽器	钛管，$40000m^2$	台	4680
30	凝汽器	不锈钢304，$40000m^2$	台	1960
31	凝汽器	不锈钢316，$40000m^2$	台	2540
32	凝汽器	不锈钢317，$40000m^2$	台	3280
33	凝汽器	不锈钢316L，$40000m^2$	台	2660
34	凝汽器	不锈钢317L，$40000m^2$	台	3480
35	汽机旁路装置	40%BMCR高低压两级串联，简化旁路（含就地仪表与执行器），配超超临界机组	套	450

续表

序号	设备名称	规格型号	单位	2022 年参考价
36	内置式除氧器	GC-2200/GS-205 型	套	345
37	高压加热器	三级，卧式（含阀门）（含外置蒸发冷却器）	套	1150
38	高压加热器	四级，用于二次再热机组	套	2000
39	低压加热器	四级，卧式，（含阀门），配湿冷机组	套	755
40	低压加热器	五级，配湿冷机组	套	850
41	低压加热器	五级，配空冷机组	套	745
42	凝结水泵	100%，$1522m^3/h$，3.4MPa，2100kW	台	86
43	真空泵	50%，每台机 3 台，2 用 1 备	台	40
44	汽机房行车	80/20t，含保护	台	130
45	汽机房行车	130/30t，跨度 30m	台	180
二、燃料供应系统				
46	翻车机	C 型单车翻车机及其调车系统 Q=25 节/h	套	1200
47	翻车机	折返式双车翻车机及其调车系统 Q=40 节/h	套	1700

续表

序号	设备名称	规格型号	单位	2022 年参考价
48	桥式抓斗卸船机	1500t/h 轨距 22m	台	3600
49	清仓机	180HP	台	280
50	斗轮堆取料机	1500/1500t/h 臂长 35m，折返式	套	1100
51	斗轮堆取料机	3600/1500t/h 臂长 40m，通过式	套	1500
52	活化给煤机	Q=1000t/h	台	90
53	胶带输送机	1400mm（含胶带，不含皮带机保护元件,减速器为中外合资产品）	m	0.85
54	输煤皮带机	1600mm（含胶带，不含皮带机保护元件，减速器为中外合资产品）	m	0.95
55	胶带输送机	1800mm（含胶带，不含皮带机保护元件，减速器为中外合资产品）	m	1
56	环（锤）式碎煤机	1000t/h	台	60
57	滚轴筛	Q=1500t/h	台	35
58	皮带给煤机	B=1600mm Q=350～860t/h	台	30
59	桥式叶轮给煤机	B=1400mm Q=300～1000t/h 带变频调速	台	35

续表

序号	设备名称	规格型号	单位	2022年参考价
60	推煤机	TY220型	台	80
61	装载机	ZL50	台	35
62	火车取样装置	门式，跨距6m，用于单台翻车机（缩分、破碎、液压装置进口，减速器为中外合资产品）	台	80
63	汽车取样装置	缩分、破碎、液压装置进口，减速器为中外合资产品	套	50
64	皮带中部取样装置	B=1400mm 双取样头，对应1套二级缩分、一级破碎、回煤装置（用于入炉煤，取样头、缩分、破碎装置进口）	台	75
65	皮带中部取样装置	B=1800mm 单取样头，对应1套三级缩分、二级破碎、回煤装置（用于入厂煤，取样头、缩分、破碎装置进口）	台	100
66	动态轨道衡	断轨	台	35
67	动态轨道衡	不断轨	台	60
68	二工位头部伸缩装置	B=1400mm	台	35

续表

序号	设备名称	规格型号	单位	2022年参考价
69	三工位头部伸缩装置	$B=1400$mm	台	40
70	运煤系统一次元件（新建）	包括双向拉绳开关、二级跑偏开关、胶带纵向撕裂检测装置、煤流检测装置、速度检测装置、堵煤信号、原煤仓高、低和连续料位信号等	套	95
71	运煤系统一次元件（扩建）	包括双向拉绳开关、二级跑偏开关、胶带纵向撕裂检测装置、煤流检测装置、速度检测装置、堵煤信号、原煤仓高、低和连续料位信号等	套	30
三、除灰系统				
72	气力除灰	输灰、控制、除尘设备等，不含管道、空压机，输送距离～500m，单台炉除灰系统出力110t/h；五电场，2×32＋2×3个灰斗	套/2炉	700
73	刮板捞渣机	单侧捞渣机（关键部件进口，含渣井、关断门、液压控制）长度35m，出力15～60t/h	台	415

续表

序号	设备名称	规格型号	单位	2022 年参考价
74	刮板捞渣机	单侧捞渣机（关键部件进口，含渣井、关断门、液压控制等），长度 65m，出力 15～60t/h	台	455
75	干式排渣机	（含渣井，关断门，碎渣机，渣仓，就地控制，斗式提升机）出力：12～35t/h，长度 45m	套	650
四、水处理系统				
76	超滤装置	含加药装置、进水泵、保安过滤器、反洗水泵、水箱、膜组件、换热器等	吨/小时	1.2
77	反渗透装置	含加药装置、反洗水泵、升压泵、保安过滤器、水箱、膜组件、换热器等	吨/小时	1.5
78	制氢装置	含程控，无人值守，4 个罐，1×10Nm^3/h	套	210
79	水汽集中取样分析装置	部分仪表进口，常规仪表国产，不含凝汽器检漏	套	125
80	电解海水制氯	设备容量为 2×90kg/h（可连续及冲击加氯），含工艺设备、管道、阀门、电气、控制等	套/2 机	580

续表

序号	设备名称	规格型号	单位	2022 年参考价
81	凝结水精处理装置	两机一套再生装置，含程控，含树脂，配 2×50%前置过滤器＋3×50%混床	套/2 机	1150
五、供水系统				
82	循环水泵	Q=10m³/s，扬程 25m，立式斜流泵，电动机功率 3400kW，导叶体 Q235A	套	320
83	循环水泵	耐海水，Q=10m³/s，扬程 25m,立式斜流泵，电动机功率 3400kW。过流部件采用双相不锈钢材质	套	630
84	循环水泵	耐海水,功率 3400kW。过流部件采用超级双相不锈钢材质	套	750
85	补给水泵（含电机）	Q=1500m³/h，扬程 50m，卧式离心泵，电动机功率 400kW	套	28
86	直接空冷设备	包括空冷凝汽器、A 型架、隔墙、蒸汽分配管、风机桥架、防护网	万 m²	40

续表

序号	设备名称	规格型号	单位	2022年参考价
87	空冷风机	直径 9.75m，功率132kW，含变频器、风机筒、电机、齿轮箱	台	35
88	间接空冷设备	包括散热器管束、冷却三角框架、支撑件、百叶窗、散热器清洗系统、塔内管道。管束垂直布置	万 m^2	41
六、电气系统				
89	主变压器	500kV 260MVA 单相无载调压	台	800
90	主变压器	500kV 780MVA 三相无载调压	台	2400
91	主变压器	220kV 780MVA 三相无载调压	台	1900
92	主变压器	750kV 780MVA 三相无载调压	台	2820
93	SF_6 断路器	500kV，50kA/63kA 罐式 液动 带合闸电阻（国产）	台	250
94	SF_6 断路器	500kV，50kA/63kA 罐式 液动	台	225

续表

序号	设备名称	规格型号	单位	2022年参考价
95	SF_6断路器	500kV，50kA/63kA柱式 带合闸电阻	台	90
96	SF_6断路器	500kV，50kA/63kA柱式	台	80
97	SF_6断路器	750kV，50kA/63kA罐式 液动	台	700
98	SF_6断路器	330kV，50kA/63kA罐式 液动	台	220
99	500kV 户内GIS	断路器间隔，4000A，63kA，含主母线及分支母线	间隔	450
100	500kV 户内GIS（母线设备间隔）		间隔	70
101	220kV GIS	断路器间隔，含主母线及分支母线	间隔	145
102	220kV GIS（母线设备间隔）		间隔	60
103	发电机断路器	140kA	台	900
104	高压厂用变压器	63/35-35MVA，无载调压	台	410

续表

序号	设备名称	规格型号	单位	2022 年参考价
105	起动/备用变压器	500kV/6.3kV 63/35-35MVA，有载调压	台	770
106	起动/备用变压器	220kV/6.3kV 63/35-35MVA，有载调压	台	560
107	高压开关柜	KYN-10, 3150A, 40kA, 进口开关	台	18
108	高压开关柜	KYN-10, 3150A, 40kA	台	14
109	高压开关柜	KYN-10, 1250～1600A, 40kA	台	11
110	高压开关柜	KYN-10，PT 柜	台	4.5
111	高压开关柜	F-C 单回路，40kA，10kV	台	8
112	高压开关柜	4000A，50kA（进口真空断路器柜）	台	27
113	高压开关柜	馈线柜, 1250A, 50kA（合资厂真空断路器柜）	台	13.5
114	高压开关柜	馈线柜，50kA（合资厂单回路 F-C 柜）, 10kV	台	11
115	低压开关柜	PC，主厂房内	台	6.5
116	低压开关柜	MCC，主厂房内	台	4.5

续表

序号	设备名称	规格型号	单位	2022年参考价
117	输煤程控装置	上位机、PLC、网络通信电缆、输煤工业电视系统，不包括传感器	套	210
118	交流不停电电源装置	80kVA单台（三相输入，单相输出）	套	40
119	网络监控系统	微机监控系统	套	210
120	柴油发电机	1200kW（含脱硫），主机进口	台	200
七、热工控制系统				
121	机组分散控制系统	包括DAS、MCS、SCS（含电气控制）、FSSS等4功能子系统，配5个操作员站等人机接口设备，I/O点规模为10000点	套	500
122	火检及冷却风系统	根据炉型不同火检数量不同，按前后墙对冲燃烧方式，84只火检，2台冷却风机，进口	套	150
123	视频监视系统	250点	套	250

续表

序号	设备名称	规格型号	单位	2022年参考价
八、附属生产工程				
124	启动锅炉及辅机	燃油，35t/h，1.29MPa，300℃	台	350
125	启动锅炉及辅机	煤炉，35t/h，不含脱硫脱硝	台	700

注　除单独列出超临界或超超临界机组用的设备价格以外，其他设备价格均为超临界机组、亚临界及超超临界机组一致的价格。

（九）2×660MW机组基本技术组合方案

系统项目	2×660MW＋2×660MW	
名称	新建	扩建
一、热力系统		
1. 主厂房结构形式及布置（含集控楼）	汽机纵向，机头朝向固定端，主厂房钢筋混凝土结构，汽机房跨度 30.6m，除氧间跨度 9m，煤仓间跨度 12m（柱中心线间距），炉前通道 6.5m，柱距 10m，厂房长 171.5m，汽机运转层标高 13.7m。主厂房钢筋混凝土结构，汽机房厂房体积 181079m^3，煤仓间体积 126614m^3，炉前封闭体积 14467m^3，集控楼 21479m^3。锅炉运转层以下封闭体积 61087m^3。主厂房体积 431482m^3	同新建

续表

系统项目	2×660MW＋2×660MW	
名称	新建	扩建
2. 锅炉	超超临界，2050t/h（钢炉架，同步脱硝），29.4MPa（a）/605℃/623℃，2 台	同新建
3. 汽轮机	超超临界，660MW，28MPa（a）/600℃/620℃，2 台	同新建
4. 汽轮发电机	QFSN-660-2，2 台	同新建
5. 制粉系统	中速磨煤机 ZGM113G，12 台	同新建
6. 低温省煤器	一级	同新建
7. 除尘系统	双室五电场低低温静电除尘器，$\eta \geq 99.92\%$，4 台	同新建
8. 给水泵	汽动给水泵，$1030m^3/h$，33.64MPa，4 台；电动启动给水泵，$680m^3/h$，15MPa，2 台	同新建
9. 风机	送风机：动叶可调轴流式，$971604m^3/h$，4 台	同新建
	引风机：动叶可调轴流式，$2354400m^3/h$，4 台	
	一次风机：动叶可调轴流式，$471600m^3/h$，H=15720Pa，4 台	

续表

系统项目	2×660MW＋2×660MW	
名称	新建	扩建
10. 四大管道材质	主汽管道（P92），再热热段（P92），再热冷段（A691Gr1-1/4CrCL22），主给水管道（15NiCuMoNb5-6-4）	同新建
11. 锅炉真空清扫系统	1台真空吸尘车，75HP，风量3000m^3/h，真空度51kPa，两台炉各平台的吸尘管道以及煤仓间的吸尘管道	同新建
12. 暖通系统	汽机房屋顶通风器通风；集控楼2套2×100%屋顶式恒温恒湿空调机组；输煤系统高压静电除尘器；采暖加热站，外网及热风系统	同新建
13. 烟道支架	主烟道为钢结构，烟道支架为钢筋混凝土结构	同新建
14. 引风机支架	钢筋混凝土框架结构	同新建
15. 送风机支架	钢筋混凝土框架结构	同新建
16. 烟囱	240m/2－ϕ7.5m，1座，钢筋混凝土外筒，钛钢复合板双内筒烟囱	同新建

续表

系统项目	2×660MW＋2×660MW	
名称	新建	扩建
二、燃煤供应系统		
1. 简要说明	运煤系统的设计出力按4×660MW机组容量考虑，卸煤和贮煤设施分期建设	
2. 卸煤	全部铁路敞车运煤进厂，单车翻车机及其调车系统2套，2重2空1走行，折返式布置。带式给煤机 Q=350～860t/h，4台。动态轨道衡1台，火车取样机2台	单车翻车机及其调车系统1套，1重1空1走行，带式给煤机 Q=350～860t/h，2台，火车取样机1台
3. 贮煤	煤场容量2×660MW机组10天耗煤量。斗轮堆取料机1500/1500t/h，臂长35m，折返式，2台。推煤机2台，装载机2台。煤场为全封闭条形煤场。最大堆煤高度13.5m，煤场容量满足2×660MW机组10天耗煤量。煤棚上部结构为拱形空间网架结构，上铺彩色单层彩色压型钢板。网架中部下弦净空≥30.0m，干煤棚横向跨度（内侧净空）110m，纵向长度200m，两端压型钢板全封闭。斗轮堆取料机1500/1500t/h，臂长35m，折返式，2台。推煤机2台，装载机2台	煤场延长至煤场总容量为4×660MW机组15天耗煤量，增设1台推煤机

续表

系统项目	2×660MW+2×660MW	
名称	新建	扩建
4. 运煤	运煤胶带机 B=1400mm，V=2.5m/s，Q=1500t/h，双路设置；胶带机总长 L=2300m，原煤仓配煤方式采用犁煤器方案	煤场胶带机延长 L=140m；煤仓间胶带机延长 L=170m
5. 碎、筛煤	环式碎煤机 Q=1000t/h，2 台；滚轴筛 Q=1500t/h，2 台	
6. 主要辅助建筑	输煤综合楼按 4000m^3，推煤机库按 400m^2	
7. 点火油罐	500m^3 钢油罐，2 个	
8. 含油污水处理	简易装置 1 套	
9. 栈桥、廊道	煤场至碎煤机室为钢筋混凝土结构、压型钢板封闭，长 77m；碎煤机室至主厂房段为钢筋混凝土柱、钢桁架、压型钢板封闭，长 130m；其他部分栈桥 85m，地下隧道 120m	
10. 转运站	钢筋混凝土结构	
11. 斗轮机基础	钢筋混凝土基础	
12. 翻车机室	钢筋混凝土结构，1 座翻车机室	1 座单翻车机室

续表

系统项目	2×660MW+2×660MW	
名称	新建	扩建
三、除灰系统		
1. 厂内除灰渣（石子煤）方式	灰渣分除，干灰集中至灰库，范围为除尘器灰斗法兰至灰库卸料设备出口，输送距离500m，单台炉除灰系统出力110t/h，双室四电场电除尘器；风冷式排渣机，斗式提升机输送至渣仓，范围为锅炉炉灰斗插板出口至渣仓卸料设备出口，风冷式排渣机(含渣井、关断门)，宽度1400mm，连续出力10t/h，最大出力20t/h，排渣温度150℃以下，2台；电瓶叉车运输石子煤，分界点为中速磨石子煤斗出口	同新建
2. 厂外汽车运灰渣	运灰公路5km，厂矿三级标准，汽20级路面，宽7m，占地75亩	
3. 灰场机械	8t洒水车2辆，YZ10J自动碾压机2辆，YSZ06C手动碾压机2辆，T140推土机2辆，ZL40装载机2辆	同新建
4. 灰库	钢筋混凝土筒仓，无保温	同新建
5. 除灰综合楼	钢筋混凝土框架结构	同新建

续表

系统项目	2×660MW＋2×660MW	
名称	新建	扩建
6. 气化风机房	钢筋混凝土框架结构	同新建
四、水处理系统		
1. 锅炉补给水处理	2×80t/h 超滤、反渗透加 2×100～120t/h 一级除盐加混床系统	增加一列80t/h 超滤反渗透装置
2. 化验室	气：SF_6 分析；水、煤（含入厂煤、入炉煤）、油（含透平油、绝缘油、抗燃油）分析	
3. 水汽集中取样分析	含高温高压取样冷却装置及在线分析仪表	同新建
4. 凝结水精处理	2×50%前置过滤器、3×50%混床、混床出口不设钠表，两机合用一套再生装置	同新建
5. 循环水稳定处理系统	循环水加酸加阻垢处理	同新建
6. 循环水杀生处理系统	电解食盐制酸 2×10kg/h	同新建
7. 给水加药处理系统	加氨加氧联合处理	同新建

续表

系统项目	2×660MW+2×660MW	
名称	新建	扩建
8. 工业废水集中处理	设6000m^3废水池，100t/h澄清器1台，10t/h脱水机设1台。相对集中处理，正常工况下回收利用，不外排。包括酸碱再生废水、酸洗废水、空预器冲洗水等。不含含煤废水处理、含油污水处理	
9. 氢气系统	1×10Nm^3/h 电解制氢加干燥储存装置	
10. 厂区管道	防腐管道采用钢衬塑管道及不锈钢管	同新建
11. 锅炉补给水处理车间	钢筋混凝土框（排）架结构	
12. 化验楼	砌体结构	
13. 循环水加药间	钢筋混凝土框（排）架结构	同新建
14. 制氢站	钢筋混凝土框架结构	
15. 工业废水处理站	钢筋混凝土结构，废水池防腐采用涂防腐材料	
五、供水系统		
1. 供水方式	采用扩大单元制二次循环供水系统	同新建

续表

系统项目	2×660MW＋2×660MW	
名称	新建	扩建
2. 冷却水塔	每台机配逆流式自然通风冷却塔 1 座，冷却塔淋水面积为 $8500m^2$，考虑防冻措施	同新建
3. 循环水系统	二台机共用 1 座循环水泵房，泵房内安装 4 台循环水泵（立式斜流泵），进水间和泵房全封闭，下部结构 28m×24m×11m（长×宽×深），地上结构 15m×46m×18.4m（长×宽×高）。循环水压力管道采用焊接钢管；2×DN3000，总长 L=2000m	同新建
4. 补给水系统	补给水为地表水，补给水泵房设 3 台补给水泵，土建按 5 台泵一次建成。下部结构 20.9m×19.0m×20.48m（长×宽×深）	增设 2 台水泵
5. 补给水管线	2×DN800，单线长度 L=15km	
6. 净化站	地表水净化站在厂内布置，处理容量 $3\times1200m^3/h$，采用二级处理工艺：斜管/板混凝沉淀＋过滤（部分）	同新建
六、电气系统		
1. 出线回路	2 回	1 回

续表

系统项目	2×660MW＋2×660MW	
名称	新建	扩建
2. 配电装置	500kV屋外式，一个半断路器接线，采用柱式SF_6断路器	同新建
3. 主变压器	每台机设1台国产三相式变压器，容量780MVA	同新建
4. 高压厂用电源	每台机组设1台63/35－35MVA分裂绕组高压厂用变压器和1台 20MVA 双绕组高压脱硫变压器	同新建
5. 高压厂用断路器	真空断路器与F-C柜组合。电源回路采用国产化真空断路器。馈线柜采用国产化设备，1250kVA及以下低压厂用变回路和1000kW及以下电动机回路采用F-C设备	同新建
6. 起动/备用电源	设1台有载调压分裂变压器，由厂内升压站引接，变压器容量63/35－35MVA。正常运行时起动/备用变压器不带负荷	同新建
7. 事故保安电源	每台机组设置1台1200kW柴油发电机组（含供脱硫系统保安负荷170kW左右）	同新建
8. 交流不停电电源	每台机组设置2台80kVA UPS装置	同新建

续表

系统项目	2×660MW＋2×660MW	
名称	新建	扩建
9. 网络控制系统	500kV 配电装置，3/2 接线，（2进、2 出）两个完整串，网络控制配置微机监控系统一套，就地设继电器小室，数据采集装置按串配，双上位机（操作员站）	增加本期数据采集单元
10. 直流系统	每台机组包括控制 2 组 110V 600Ah 蓄电池、配高频开关电源型充电装置 2 组（模块 n+2 冗余配置），动力 1 组 220V 1600Ah 蓄电池、配高频开关电源型充电装置 1 组（模块 n+2 配置），直流屏、绝缘检查装置、电池检测装置。网络继电器室设置 2 组 220V 400Ah 蓄电池及配套高频开关电源型充电装置 2 组（模块 n+2 冗余配置）	同新建。但网络直流蓄电池不新增
11. 发变组保护	发变组保护采用装置双重化配置。保护屏 12 面（含起/备变保护屏 2 面）	同新建
12. 输煤控制系统	程控系统。按 4×660MW 规划容量考虑程控装置：2 套上位机（操作员站），PLC 控制，I/O 点数 1200 点左右，2～3 个远程站。包括网络通信电缆。输煤工业电视系统：4 个显示器，16 个摄像头（2 个彩色变焦，14 个黑白），矩阵切换器等。不包括传感器	根据工程实际情况，考虑适当增加 I/O 点及摄像头数量

续表

系统项目	2×660MW＋2×660MW	
名称	新建	扩建
13. 全厂高压开关柜（含单回路F-C）	主厂房145面；输煤系统26面（不含脱硫、脱硝系统）	163面
14. 升压站	500kV屋外式，钢结构	同新建
15. A列外构筑物	构架为钢结构，设备基础为钢筋混凝土基础	同新建
七、系统二次		
1. 继电保护	500kV线路保护4套、母线保护4套、每台断路器配置1套断路器保护、配置线路故障录波器1面、保护及故障录波信息管理子站1套。行波测距装置1套及安全稳定控制装置2套	增加线路保护2套，增加1套断路器保护，已有系统按扩容考虑
2. 调度自动化	远动与网控统一考虑。配置AGC/AVC测控柜1套。500kV出线侧、启备变高压侧配置主/校、0.2s级关口表；机组出口侧配置单、0.5s级考核表；电表处理器1套，计费小主站1套。调度数据网接入设备、二次系统安全防护设备各1套。功角测量装置、电厂竞价辅助决策系统、发电负荷考核系统各1套	同新建，已有系统按扩容考虑

续表

系统项目	2×660MW+2×660MW	
名称	新建	扩建
3. 通信	配置2套SDH 622Mb/s光端机、96门调度程控交换机1台。-48V高频开关电源2套,500AH蓄电池2组。至调度端PCM2对。通信机房动力环境监视纳入电厂网控系统统一考虑。载波通道2路(根据工程实际需要配置)	同新建，已有系统按扩容考虑
八、热工控制系统		
1. 分散控制系统(DCS)	包括DAS、MCS、SCS、FSSS等4个功能子系统(包括电气进DCS，不包括大屏幕)，2套	同新建
2. 汽轮机控制系统(DEH)	高压抗燃油伺服系统，纯电液数字调节方式，2套	同新建
3. 汽轮机危急遮断系统(ETS)	采用PLC或DCS实现保护功能，2套	同新建
4. 汽轮机安全监测仪表(TSI)	含汽机转速、汽轮发电机轴承振动、轴向位移、差胀、缸胀、偏心、键相等功能，2套	同新建
5. 汽轮机振动分析和故障诊断系统(TDM)	含工控机、分析软件、专家诊断软件等，2机组合配1套人机界面	同新建

续表

系统项目	2×660MW＋2×660MW	
名称	新建	扩建
6. 吹灰程控及烟温探针系统	包括吹灰程控软硬件设备及动力柜和烟温探针就地仪控设备，2套	同新建
7. 除灰、除渣仪表与控制系统	包括DCS及就地压力、温度、流量、物位仪表和电磁阀箱、配电箱等，1套	同新建
8. 化学补给水仪表与控制系统	包括DCS及就地压力、温度、流量、分析仪表和电磁阀箱等，1套	按工艺扩容情况增加相应仪表控制设备
9. 凝结水精处理仪表与控制系统	包括DCS及就地压力、温度、流量、分析仪表和电磁阀箱等，1套	同新建
10. 燃油泵房仪表与控制系统	采用DCS，包括压力、流量、液位、温度等仪表和配电箱等，1套	
11. 启动锅炉房仪表与控制系统	包括压力、流量、温度等仪表、执行机构及控制系统，1套	
12. 废水处理仪表与控制系统	包括DCS及就地压力、温度、流量、分析仪表和电磁阀箱等，1套	按工艺扩容情况增加相应仪表控制设备
13. 空调仪表与控制系统	包括就地压力、温度、流量等仪表和执行机构，1套	同新建

续表

系统项目	2×660MW+2×660MW	
名称	新建	扩建
14. 视频监视系统	数字式系统，包括：云台、传输光（线）缆、视频服务器、交换机、监视器等。监测点（摄像头）450点，1套	根据监测范围调整监测点数
15. 门禁管理系统	对厂区内需要控制人员出入的封闭区域进行实时监控、出入记录、闯入报警和权限管理等功能，系统由电子门锁、控制器、读卡器、管理主机等组成	在电厂已有系统基础上完善相关内容
16. 火灾自动报警系统	包括上位机、感温、感烟传感器、预制电缆，1套	同新建
17. 厂级自动化系统	厂级监控信息系统和管理信息系统	当电厂尚无此系统时按新建处理
18. 智能电厂	包括： 全厂无线网络，完成全厂无线网络覆盖，采用WIFI方案； 全厂数据平台，建设全厂统一的数据平台； 数字化移交，完成设计期和建设期的数据移交； 智能工地模块，基建期智能化，完成基建期安全管理和工程管理； 优化控制模块，采用闭环优化控制软件或优化控制系统；	在电厂已有系统基础上完善相关内容

续表

系统项目	2×660MW+2×660MW	
名称	新建	扩建
18. 智能电厂	智能监盘模块，减少运行人员监盘工作量； 智能两票模块,实现电子化两票系统； 智能巡检模块,实现现场少人巡检和巡检数据的实时上传； 智能诊断模块,实现部分设备的故障诊断和寿命预测； 智能安防模块，实现视频、门禁等系统的联合管理和联动监控； 智能决策模块,实现部分管理与经营工作的辅助决策支持； 移动 APP，通过移动终端进行管理工作； 信息安全，按照等保要求，完成工控系统与信息系统的安全防护	在电厂已有系统基础上完善相关内容
九、脱硫装置系统		
1. 工艺描述	石灰石－石膏湿法烟气脱硫工艺（1 炉 1 塔），含硫量 1.3%，脱硫效率 98.9%，吸收塔除尘效率 50%，不含 GGH，10 台循环泵，4 台氧化风机。烟气系统接口范围：从引风机出口接出经脱硫装置脱硫后接至烟囱入口。工艺水系统接口范围：从电厂循环水和电厂工业水接至脱硫岛外 1m。压缩空气系统：空压机开始至脱硫岛外 1m	同新建

续表

系统项目	2×660MW+2×660MW	
名称	新建	扩建
2. 石灰石制备系统	粒径不大于 20mm 的石灰石块进厂，脱硫岛内设湿磨制浆车间，2 台 100%出力的湿式球磨机。范围：从自卸料口将石灰石块卸至地下料斗开始，至石灰石浆液泵出口为止	同新建
3. 石膏脱水系统	一级浆液旋流器和二级皮带脱水机石膏脱水系统，2 套石膏浆液旋流器，2 台真空皮带脱水机，脱水后石膏贮存于石膏储存间。范围：从吸收塔浆液排出泵出口开始至副产品石膏堆放于石膏库房内为止	同新建
4. 电气系统	脱硫负荷由高压厂用工作母线引接，每台炉设低压脱硫变 2 台，互为备用，交流事故保安负荷由机组保安电源统一供给，单独设 1 套交流不停电电源（UPS）	同新建
5. 热控系统	主控制系统采用 2 套 FGD-DCS；脱硫闭路电视监视系统 1 套；火灾探测与报警系统 1 套；每台机组烟气连续监测装置（烟气进、出口）2 套；脱硫 pH 计、物位仪、电磁流量仪、浆液分析仪、电动/气动执行机构、变送器、测量元件等就地仪表 2 套	同新建

续表

系统项目	2×660MW＋2×660MW	
名称	新建	扩建
6. 电气控制综合楼	钢筋混凝土框架	同新建
7. 烟道支架	钢结构	同新建
十、脱硝装置系统		
1. 尿素储存及热解制氨气系统	尿素法：袋装尿素采用人工卸车并储存在尿素储仓内，散装颗粒尿素利用槽车上的车载风机卸入尿素储仓；固体尿素经溶解后储存在尿素溶液储存罐内，尿素溶液经热解器反应后生成氨气	同新建
2. SCR 反应系统	烟气在锅炉省煤器出口处被平均分为两路，每路烟气并行进入一个垂直布置的SCR反应器，即每台锅炉配有二个反应器，烟气经过均流器后进入催化剂层，然后烟气进入空预器、电除尘器、引风机和脱硫装置后，排入烟囱；烟气在进入催化剂前设有氨注入的系统，烟气与氨气充分混合后进入催化剂反应，脱去NO_x；SCR反应器入口NO_x浓度按 250mg/Nm^3 设计，脱硝效率≥80%	

续表

系统项目	2×660MW＋2×660MW	
名称	新建	扩建
2. SCR反应系统	催化剂层数2＋1，初装2层，催化剂采用蜂窝式	
	脱硝系统不设置烟气旁路和省煤器高温旁路系统	
	脱硝装置支撑在炉后除尘器前的支架上，由锅炉厂设计、供货，脱硝装置平台、扶梯与锅炉平台连接	
3. 土建	包括：脱硝反应器构架基础、构筑物、配电间、室外给、排水及消防系统及综合管架	
十一、附属生产工程		
1. 启动锅炉	燃油，35t/h，1.27MPa，350℃，2台	
2. 启动锅炉房	钢筋混凝土框（排）架	
3. 材料库	2100m^2	
4. 综合检修间	1260m^2	
5. 辅助及附属建筑物	办公楼3045m^2，食堂630m^2，招待所840m^2，夜班宿舍945m^2，检修公寓1260m^2	

续表

系统项目	2×660MW+2×660MW	
名称	新建	扩建
6. 厂区及施工区土石方	100 万 m^3	50 万 m^3
十二、交通运输工程		
1. 铁路	国铁Ⅲ级标准，厂外 12km(含接轨站改造)，厂内 5.5km	厂内加 3.3km
2. 公路	厂矿三级道路标准，厂外 2km，路面宽 7m，路基宽 8.5m	
十三、地基处理	主厂房、烟囱、锅炉、汽机基础等采用 ϕ600×110PHC 桩，桩长 46m，约 2200 根，集控楼、电除尘、送风机支架、引风机支架、烟道支架和输煤转运站等采用 PHC 桩，辅助附属建筑物采用复合地基	
十四、灰场	山谷干灰场，占地 33hm^2，满足堆灰 3 年。坝体工程量约 3 万 m^3，初期考虑排水及部分面积防渗。设灰场管理站	事故备用灰场，满足堆灰 1 年，不设灰场管理站

（十）2×660MW 机组调整模块表

序号	模块名称	技术条件	造价合计
一、热力系统			
一	1. 炉型		
	热机范围	包括锅炉本体，风机，除尘装置，制粉系统，烟风煤管道，锅炉其他辅机，高压汽水管道和相关保温（包括锅炉本体保温含砌筑、烟风煤管道保温、电除尘保温、高压汽水管道保温，不包括汽轮发电机组本体保温和中低压汽水管道保温）	
		其中：建筑工程费 18229 万元，设备购置费 82315 万元，安装工程费 36776 万元，材差 1478 万元	138798
	A. 超超临界烟煤	汽机纵向，机头朝向固定端，主厂房钢筋混凝土结构，单框架前煤仓布置，汽机房跨度 33m，汽机房长度 151.5m，A 排到烟囱中心线 232.5m，除氧器布置于煤仓间屋面；煤仓间跨度 13m（柱中心线间距），炉前通道 7.5m，汽机运转层标高 15.5m。主厂房钢筋混凝土结构，汽机房厂房体积 179871m^3，煤仓间体积 126614m^3，炉前封闭体积 12788m^3，锅炉运转层以下封闭体积 90368m^3。主厂房体积 409642m^3	

续表

序号	模块名称	技术条件	造价合计
一	A. 超超临界烟煤	中速磨煤机：HP1163 型，12 台	
		送风机：动叶可调轴流风机型号　出力：风量 Q=971604m^3/h H=4658Pa（TB 工况）电机功率：1600kW，4 台	
		引风机：动叶可调轴流风机出力：风量 Q=2364400m^3/h H=11400Pa（TB 工况）电机功率：8500kW，4 台	
		一次风机：动叶可调轴流风机。出力：风量 Q=471600m^3/h H=15720Pa（TB 工况）电机功率：3400kW，4 台	
		中速磨煤机：HP1163 型，12 台	
		双室五电场低低温静电除尘器，$\eta \geq 99.8\%$，2 台	
		烟风煤管道重量 3695t	
		主汽管道（P92），再热热段（P92），再热冷段（A691Gr1-1/4 CrCL22），主给水管道（15NiCuMo Nb5-6-4），总重 2084t	

续表

序号	模块名称	技术条件	造价合计
		其中：建筑工程费 21174 万元，设备购置费 89219 万元，安装工程费 36035 万元，材差 1692 万元	148120
一	B. 超超临界褐煤	主厂房采用两列式布置，汽机房–锅炉房，煤仓间布置在锅炉两侧；汽机纵向，机头朝向固定端，汽机房跨度 34m，除氧（皮带）间跨距 9m，煤仓间跨度 22m，厂房总长度 171.5m，汽机房运转层标高 17m。锅炉房运转层标高 15.5m，主厂房钢筋混凝土结构，汽机房厂房体积 183677m^3 、煤仓间体积 137446m^3 、炉前封闭体积 25618m^3；锅炉运转层以下封闭体积 104521m^3。共计 451262m^3	
		锅炉，2117t/h，2 台，超临界，褐煤炉，全钢构架、全悬吊结构Ⅱ型，锅炉紧身封闭	
		中速磨煤机：ZGM113G-Ⅱ（A），14 台	
		送风机：动叶可调轴流式 Q=781200m^3/h，4 台	
		引风机：静叶可调轴流式 Q=2232000m^3/h，4 台	

续表

序号	模块名称	技术条件	造价合计
		一次风机：动叶可调轴流式 Q=707040m^3/h，4 台	
	B. 超超临界褐煤	双室五电场，4 台	
		烟风煤管道重量 3953t	
		主汽管道（P91），再热热段（P91），再热冷段（A672B70CL32），主给水管道（15NiCuMoNb5-6-4），总重 1657t	
一		其中：建筑工程费 23374 万元，设备购置费 85431 万元，安装工程费 31207 万元，材差 2074 万元	142086
	C. 超临界无烟煤	汽机纵向，机头朝向扩建端，汽机房跨度 30.6m，除氧间跨距 9m，煤仓间跨度 13m（柱中心线间距），炉前跨度 9m，厂房为不等柱距 10m、12m，厂房总长度 177.5m，C 排至烟囱距离 167.8m，运转层标高 13.7m，主厂房钢筋混凝土结构，汽机房厂房体积 184401m^3、除氧间体积 57589m^3、煤仓间体积 114972m^3、炉前封闭体积 11837m^3；锅炉运转层以下封闭体积 92094m^3。主厂房体积 460893m^3	

续表

序号	模块名称	技术条件	造价合计
一	C. 超临界无烟煤	锅炉，W火焰炉，2140t/h，2台，超临界，无烟煤炉，全钢构架、全悬吊结构Π型	
		双进双出钢球磨煤机：BBD4062，12台	
		送风机：动叶可调轴流式 Q=921600m^3/h，4台	
		引风机：静叶可调轴流式 Q=1814400m^3/h，4台	
		一次风机：动叶可调轴流式 Q=342000m^3/h，4台	
		双室五电场静电除尘器，4台	
		烟风煤管道重量 3695t	
		主汽管道（P91），再热热段（P91），再热冷段（A672B70CL32），主给水管道（15NiCuMoNb5-6-4），总重1657t	
	D. 超超临界二次再热烟煤	其中：建筑工程费 19116 万元，设备购置费 106435 万元，安装工程费 45963 万元，材差1706万元	173220
		汽机纵向，机头朝向固定端，主厂房钢筋混凝土结构，单框架前煤仓布置，汽机房跨度36m，	

续表

序号	模块名称	技术条件	造价合计
一	D. 超超临界二次再热烟煤	汽机房长度 151.5m，A 排到烟囱中心线 232.5m，除氧器布置于煤仓间屋面；煤仓间跨度 13m（柱中心线间距），炉前通道 7.5m，汽机运转层标高 15.5m。主厂房钢筋混凝土结构，汽机房厂房体积 $191871m^3$，煤仓间体积 $126614m^3$，炉前封闭体积 $12788m^3$，锅炉运转层以下封闭体积 $90368m^3$。主厂房体积 $421642m^3$	
		锅炉，2 台，超超临界二次再热，31MPa，全钢构架、全悬吊结构Π型	
		中速磨煤机：MPS225G 型，47t/h，650kW，12 台	
		送风机：动叶可调轴流式 $Q=550800m^3/h$，4380Pa，1600kW，4 台	
		引风机：动叶可调轴流式，$2050524m^3/h$，4 台	
		一次风机：动叶可调轴流式 $Q=356400m^3/h$，17735Pa，3100kW，4 台	
		双室五电场静电除尘器，$\eta \geq 99.8\%$，2 台	

续表

序号	模块名称	技术条件	造价合计
一	D. 超超临界二次再热烟煤	烟风煤管道重量 3695t	
		主汽管道（P92），再热热段（P92），再热冷段（A691Gr1-1/4CrCL22），主给水管道（15NiCuMoNb5-6-4），总重 3204t	
	E. 超临界烟煤	其中：建筑工程费 18184 万元，设备购置费 72697 万元，安装工程费 30099 万元，材差 1817 万元	122797
		汽机纵向，机头朝向固定端，主厂房钢筋混凝土结构，单框架前煤仓布置，汽机房跨度 33m，汽机房长度 151.5m，A 排到烟囱中心线 232.5m，除氧器布置于煤仓间屋面；煤仓间跨度 13m（柱中心线间距），炉前通道 7.5m，汽机运转层标高 15.5m。主厂房钢筋混凝土结构，汽机房厂房体积 179871m^3，煤仓间体积 126614m^3，炉前封闭体积 12788m^3，锅炉运转层以下封闭体积 90368m^3。主厂房体积 409642m^3	
		锅炉，2140t/h，2 台，超临界，烟煤炉，全钢构架、全悬吊结构Π型	

续表

序号	模块名称	技术条件	造价合计
一	E. 超临界烟煤	中速磨煤机：ZGM113N 型，12 台	
		送风机：动叶可调轴流式 Q=802116m³/h，4 台	
		引风机：静叶可调轴流式 Q=1736000m³/h，4 台	
		一次风机：动叶可调轴流式 Q=353800m³/h，4 台	
		双室五电场，4 台	
		烟风煤管道重量 3695t	
		主汽管道（P91），再热热段（P91），再热冷段（A672B70CL32），主给水管道（15NiCuMoNb5-6-4），总重 1657t	
	2. 机型		
	热机范围	汽轮发电机本体、汽轮发电机辅助设备、旁路系统、除氧给水系统、汽机其他辅机，排汽装置（如果有），中低压汽水管道（不含主厂房内循环水管道）和相关保温（包括汽轮发电机组本体保温和中低压汽水管道保温，不包括高压管道）	

续表

序号	模块名称	技术条件	造价合计
一		其中：建筑工程费 0 万元，设备购置费 51995 万元，安装工程费 6707 万元，材差 131 万元	58833
	A. 超超临界纯凝机组	汽机型号：N660-28/600/620 型，2 台	
		2×50% 汽动给水泵 +1×30%启动电动给水泵	
		凝结水泵：2×100%	
		8 级回热系统	
		机械真空泵：3×50%容量	
	B. 超超临界空冷机组	其中：建筑工程费 0 万元，设备购置费 47808 万元，安装工程费 5971 万元，材差 129 万元	53908
		汽机型号：N660-28/600/620 型，2 台	
		3×35%电动给水泵	
		凝结水泵：2×100%	
		8 级回热系统	
		机械真空泵：117kg/h 3 台	
	C. 超超临界二次再热纯凝机组	其中：建筑工程费 0 万元，设备购置费 68925 万元，安装工程费 6707 万元，材差 131 万元	75763

续表

序号	模块名称	技术条件	造价合计
	C. 超超临界二次再热纯凝机组	汽机型号：N660-31/600/620型，2台	
		2×50%汽动给水泵＋1×30%启动电动给水泵	
		凝结水泵：2×100%	
		8级回热系统	
		机械真空泵：3×50%容量	
一	D. 超临界纯凝机组	其中：建筑工程费0万元，设备购置费47546万元，安装工程费6707万元，材差131万元	54384
		汽机型号：N660-24.2/566/566型，2台	
		2×50%汽动给水泵＋1×30%启动电动给水泵	
		凝结水泵：2×100%	
		8级回热系统	
		机械真空泵：3×50%容量	
	3. 锅炉封闭情况		
	A. 紧身封闭	金属保温墙板。自然进风，屋顶通风器排风	1771
	B. 露天		0
	4. 锅炉真空清扫系统		

续表

序号	模块名称	技术条件	造价合计
一	A. 1台真空清扫车	75HP，风量 3000m^3/h，真空度 51kPa，两台炉各平台的吸尘管道以及煤仓间的吸尘管道	233
	B. 2台固定式真空吸尘装置	75HP，风量 2750m^3/h，真空度 61kPa，灰斗容量 3m^3，两台炉各平台的吸尘管道以及煤仓间的吸尘管道	216
	5. 主厂房结构		
	A. 钢筋混凝土结构	其中：建筑工程费 4626 万元，设备购置费 0 万元，安装工程费 0 万元，材差 304 万元	4930
	B. 钢结构	其中：建筑工程费 9495 万元，设备购置费 0 万元，安装工程费 0 万元，材差 −74 万元	9421
	6. 烟囱		
	A. 钢筋混凝土外筒钛钢复合板双内筒烟囱	其中：建筑工程费 5320 万元，设备购置费 0 万元，安装工程费 0 万元，材差 256 万元	5576
		240 − 2ϕ7.5m	
		钢筋混凝土基础 3800m^3，钢筋混凝土结构外筒壁 7350m^3，钛钢复合板板内筒 950t	
		对应于脱硫系统不设 GGH 装置机组	

续表

序号	模块名称	技术条件	造价合计
一	B. 钢筋混凝土外筒、玻璃钢双内筒套筒式结构烟囱	其中:建筑工程费 5559 万元,设备购置费 0 万元,安装工程费 0 万元，材差 218 万元	5777
		240－2ϕ7.5m	
		钢筋混凝土基础 3800m^3，钢筋混凝土结构外筒壁 7350m^3，20mm 厚玻璃钢内筒 11304m^2	
		对应于脱硫系统不设 GGH 装置机组	
	C. 钢筋混凝土外筒、Q235 钢板双内筒套筒式烟囱，内筒内粘贴硼硅泡沫玻璃砖	其中:建筑工程费 5734 万元,设备购置费 0 万元,安装工程费 0 万元，材差 253 万元	5987
		240－2ϕ7.5m	
		钢筋混凝土基础 3800m^3，钢筋混凝土结构外筒壁 7350m^3，Q235 钢内筒 950t，内筒内贴硼硅泡沫玻璃砖 11304m^2	
		对应于脱硫系统不设 GGH 装置机组	
	D. 钢筋混凝土外筒、耐硫酸露点腐蚀钢板双内筒套筒式结构烟囱	其中:建筑工程费 4808 万元,设备购置费 0 万元,安装工程费 0 万元，材差 253 万元	5061
		240－2ϕ7.5m	
		钢筋混凝土基础 3800m^3，钢筋混凝土结构外筒壁 7350m^3，耐硫酸露点腐蚀钢内筒 950t	
		对应于脱硫系统设置 GGH 装置机组	

续表

序号	模块名称	技术条件	造价合计
一	7. 主厂房框架		
	A. 单框架	其中:建筑工程费 7972 万元，设备购置费 0 万元,安装工程费 6534 万元，材差 648 万元	15154
		单框架汽机房模块	
		汽机纵向，机头朝向固定端，主厂房单框架侧煤仓布置,钢筋混凝土结构，汽机房跨度 33m，汽机房长度 151.5m，汽机运转层标高 15.5m。汽机房厂房体积 179871m^3	
		其中：建筑工程费 11227 万元，设备购置费 0 万元，安装工程费 6534 万元，材差 823 万元	18584
	B. 双框架	双框架汽机房除氧间模块（注:除氧间与煤仓间之间的土建结构部分全部计入模块）	
		汽机纵向，机头朝向固定端，主厂房钢筋混凝土结构，汽机房跨度 30.6m，除氧间跨度 9m,柱距 10m,厂房长 171.5m,汽机运转层标高 13.7m。主厂房钢筋混凝土结构,汽机房厂房体积 181079m^3，除氧间体积 49999m^3	

续表

序号	模块名称	技术条件	造价合计
一	8. 主厂房布置		
	A. 前煤仓	其中：建筑工程费18652万元，设备购置费4357万元，安装工程费26567万元，材差2051万元	51627
		包括发电机引出线，主控制室，单元控制室，直流系统，主厂房厂用电，事故保安电源装置，不停电电源装置，主厂房内电力电缆及控制电缆	
		汽机纵向，机头朝向固定端，主厂房钢筋混凝土结构，单框架前煤仓布置，汽机房跨度33m，汽机房长度151.5m，A排到烟囱中心线232.5m，除氧器布置于煤仓间屋面；煤仓间跨度13m（柱中心线间距），炉前通道7.5m，汽机运转层标高15.5m。主厂房钢筋混凝土结构，汽机房厂房体积179871m³，煤仓间体积126614m³，炉前封闭体积12788m³，锅炉运转层以下封闭体积90368m³。主厂房体积409642m³	
		主汽管道（P92），再热热段（P92），再热冷段（A691Gr1-1/4CrCL22），主给水管道（15NiCuMoNb5-6-4），总重2084t	

续表

序号	模块名称	技术条件	造价合计
一	A. 前煤仓	煤仓层皮带 B=1400mm，171.5m	49636
		热工控制系统	
		其中：建筑工程费 17745 万元，设备购置费 4353 万元，安装工程费 25617 万元，材差 1921 万元	
	B. 侧煤仓	包括发电机引出线，主控制室，单元控制室，直流系统，主厂房厂用电，事故保安电源装置，不停电电源装置，主厂房内电力电缆及控制电缆	
		汽机纵向，机头朝向固定端。主厂房布置采用单框架侧煤仓形式，按汽机房、锅炉房顺序排列，煤仓间布置于两炉之间。汽机房厂 165.5m，跨度 32m，柱距 10m，运转层标高 13.7m，煤仓间在两炉之间（40m×66m），主厂房钢筋混凝土结构，汽机房体积 169374m³，煤仓间体积 134660m³，炉前通道体积 2014m³。锅炉运转层以下封闭体积 100259m³。主厂房体积 406367m³	

续表

序号	模块名称	技术条件	造价合计
一	B. 侧煤仓	主汽管道（P92），再热热段（P92），再热冷段（A691Gr1-1/4CrCL22），主给水管道（15NiCuMoNb5-6-4），总重 2004t	
		煤仓层皮带 $B=1400mm$，169.5m	
		热工控制系统	
二、燃料供应系统			
二	厂内输煤	各模块的设计范围从卸煤点受卸设施起至主厂房原煤仓（不含原煤仓，含原煤仓料位信号）配煤点止，包括全部的工艺设备（含暖通、水工）、建（构）筑物（煤仓间和煤仓间端部转运站除外）和辅助生产设施。电控设备、煤泥沉淀池、煤水净化系统、输煤综合楼、推煤机库进入基本技术方案，不进入模块	
	A. 全部铁路敞车运煤进厂	其中：建筑工程费 10799 万元，设备购置费 8284 万元，安装工程费 989 万元，材差 0 元	20072
		不含铁路配线（由主体设计院总图专业考虑）	
		单车翻车机及调车系统 2 套，2 重 2 空 1 走行；（二期 2×600MW 机组增设 1 套翻车机，1 重 1 空 1 走行）	

续表

序号	模块名称	技术条件	造价合计
二	A. 全部铁路敞车运煤进厂	带式给煤机 Q=350～860t/h，4台	
		动态轨道衡1台，火车取样机2台	
		条形封闭煤场，煤场容量2×660MW机组10天耗煤量。斗轮堆取料机1500/1500t/h，臂长35m，折返式，2台。推煤机3台，装载机2台。（二期煤场延长）	
		运煤胶带机 B=1400mm，V=2.5m/s，Q=1500t/h，双路；胶带机总长 L=2300m	
		滚轴筛 Q=1500t/h，2台；环式碎煤机 Q=1000t/h，2台	
		其中：建筑工程费12661万元，设备购置费9267万元，安装工程费858万元，材差0元	22786
	B. 全部铁路底开车运煤进厂	与A模块的差别在于卸煤设施，不含铁路配线（由主体设计院总图专业考虑）	
		双线10车位底开车卸煤沟，有效长185m。底开车100辆（卸煤沟二期不再扩建）	
		叶轮给煤机 Q=350～1000t/h，4台	

续表

序号	模块名称	技术条件	造价合计
二	B. 全部铁路底开车运煤进厂	动态轨道衡 1 台，火车取样机 1 台	
		条形封闭煤场容量 2×600MW 机组 10 天耗煤量。斗轮堆取料机 1500/1500t/h，臂长 35m，折返式，2 台。推煤机 2 台，装载机 1 台（二期煤场延长）	
		运煤胶带机 B=1400mm，V=2.5m/s，Q=1500t/h，双路；胶带机总长 L=2350m	
		滚轴筛 Q=1500t/h，2 台；环式碎煤机 Q=1000t/h，2 台	
		其中：建筑工程费 11689 万元，设备购置费 6084 万元，安装工程费 885 万元，材差 0 元	18658
	C. 全部汽车运煤进厂	一期全部汽车运煤进厂，二期应考虑其他方式运煤进厂的可能性。与 A 模块的差别在于卸煤设施不含厂内外运煤道路（由主体设计院总图专业考虑）	
		20 车位汽车卸煤沟，有效长 120m	
		叶轮给煤机 Q=350～1000t/h，4 台	

续表

序号	模块名称	技术条件	造价合计
二	C．全部汽车运煤进厂	50t 汽车衡 7 台，汽车取制样机 4 台	
		条形封闭煤场容量 2×660MW 机组 10 天耗煤量。斗轮堆取料机 1500/1500t/h，臂长 35m，折返式，2 台。推煤机 2 台，装载机 1 台	
		运煤胶带机 B=1400mm，V=2.5m/s，Q=1500t/h，双路；胶带机总长 L=2300m	
		滚轴筛 Q=1500t/h，2 台；环式碎煤机 Q=1000t/h，2 台	
		其中：建筑工程费 7497 万元，设备购置费 17595 万元，安装工程费 1622 万元，材差 0 万元	26714
	D．全部海运来煤，3.5 万吨级或 5 万吨级泊位码头	与 A 模块的差别在于卸煤设施、煤场容量、斗轮机形式、卸煤系统的出力	
		桥式抓斗卸船机 Q=1500t/h 2 台	
		清仓机 5 台	
		胶带机中部取样机 B=1800mm，1 台	
		煤场容量 2×600MW 机组 20 天耗煤量	

续表

序号	模块名称	技术条件	造价合计
二	D. 全部海运来煤，3.5 万吨级或5万吨级泊位码头	斗轮堆取料机 3600/1500t/h，臂长 35m，通过式，2 台	
		推煤机 3 台，装载机 2 台	
		（二期 2×600MW 机组增设 1 台斗轮机）	
		卸煤胶带机 B=1800mm，V=3.5m/s，Q=3600t/h，单路，码头和引桥胶带机露天布置；胶带机总长 L=1700m（此长度包括码头及引桥胶带机）	
		上煤胶带机 B=1400mm，V=2.5m/s，Q=1500t/h，双路，胶带机总长 L=1200m	
		滚轴筛 Q=1500t/h，2 台；环式碎煤机 Q=1000t/h，2 台	
三、除灰系统			
三	1. 厂内除灰		
	A. 干灰集中至灰库	其中：建筑工程费 1515 万元，设备购置费 1412 万元，安装工程费 708 万元，材差 0 万元	3635
		正压气力除灰系统（灰斗法兰至灰库顶部设备、除灰控制系统），单台炉气力除灰系统出力 110t/h，输送距离 500m，双室四电场电除尘器	

续表

序号	模块名称	技术条件	造价合计
三	A. 干灰集中至灰库	输送空压机，$43m^3/min$，6台	
		灰库 $D=15m$，V（有效）$=3000m^3$，3座	
		气力除灰管道，6根DN250，4根DN150	
		湿式搅拌机200t/h，6台	
		干灰散装机100t/h，3台	
	B. 干灰集中至灰库，高浓度水力输送	其中：建筑工程费1402万元，设备购置费2127万元，安装工程费879万元，材差0万元	4408
		正压气力除灰系统（灰斗法兰至灰库顶部设备、除灰控制系统），单台炉气力除灰系统出力110t/h，输送距离500m，双室四电场电除尘器	
		输送空压机，$43m^3/min$，6台	
		灰库 $D=12m$，V（有效）$=1800m^3$，3座	
		气力除灰管道，6根DN250，4根DN150	
		干灰制浆设备80t/h，6台	
		干灰散装机100t/h，3台	
		柱塞泵 $Q=130m^3/h$，8台	
		喂料泵 $Q=130m^3/h$，8台	
		厂内除灰管3根DN250，300m（泵房外1m）	

续表

序号	模块名称	技术条件	造价合计
三	2. 厂内除渣		
	A. 风冷式排渣机，斗式提升机输送至渣仓，电瓶叉车运输石子煤	其中：建筑工程费 275 万元，设备购置费 1367 万元，安装工程费 94 万元，材差 0 万元	1736
		风冷式排渣机＋斗式提升机输送系统（含控制系统）	
		风冷式排渣机（含渣井、关断门），宽度 1400mm，连续出力 10t/h，最大出力 20t/h，排渣温度 150℃以下，2 台	
		碎渣机 30t/h，2 台	
		斗式提升机 30t/h，2 台	
		渣仓（露天）$300m^3$，2 台	
		装车机 100t/h，4 台	
		电瓶叉车 2.5t，3 台	
	B. 风冷式排渣机，负压气力输送至渣仓，电瓶叉车运输石子煤	其中：建筑工程费 362 万元，设备购置费 1951 万元，安装工程费 167 万元，材差 0 万元	2480
		风冷式输渣机＋负压气力输送系统（含控制系统）	
		风冷式排渣机（含渣井、关断门），宽度 1400mm，连续出力 10t/h，最大出力 20t/h，排渣温度 150℃以下，2 台	

续表

序号	模块名称	技术条件	造价合计
三	B. 风冷式排渣机，负压气力输送至渣仓，电瓶叉车运输石子煤	一级碎渣机 30t/h，2 台	1434
		缓冲仓 $15m^3$，2 台	
		二级碎渣机 40t/h，2 台	
		负压气力集中系统（含渣仓顶部除尘器、真空释放阀等），出力 25t/h，输送距离 170m，输送管道 4 根 DN300	
		负压风机 $91m^3/min$、$-49kPa$，4 台	
		渣仓（露天）$300m^3$，2 台	
		装车机 100t/h，4 台	
		其中：建筑工程费 83 万元，设备购置费 1257 万元，安装工程费 94 万元，材差 0 万元	
	C. 机械除渣直接至渣仓，电瓶叉车运输石子煤	刮板捞渣机直接至渣仓的除渣系统（含控制系统）	
		刮板捞渣机，长度 65m，出力 15～60t/h，2 台	
		渣仓（露天）$200m^3$，4 台	
		高效浓缩机 $\phi 10m$，2 台	
		溢流水泵 $180m^3/h$，4 台	
		回水泵 $180m^3/h$，4 台	
		电瓶叉车 2.5t，3 台	

续表

序号	模块名称	技术条件	造价合计
三	D. 水力除渣至脱水仓，电瓶叉车运输石子煤	其中：建筑工程费226万元，设备购置费1483万元，安装工程费1169万元，材差0万元	2878
		刮板捞渣机＋水力除渣至脱水仓的除渣系统（含控制系统）	
		刮板捞渣机，长度35m，出力15～60t/h，2台	
		碎渣机2台，60t/h	
		渣浆泵280m^3/h，4台	
		回水泵260m^3/h，4台	
		高效浓缩机ϕ12m，2台	
		脱水仓ϕ10m，4台	
		厂内输渣管（钢管）4根DN250，800m	
		电瓶叉车2.5t，3台	
	3. 厂外除灰		
	A. 汽车运灰渣	其中：建筑工程费980万元，设备购置费0万元，安装工程费0万元，材差0万元	980
		运灰公路5km，厂矿三级标准，汽20级路面，宽7m，占地75亩	

续表

序号	模块名称	技术条件	造价合计
三	B. 高浓度水力除灰、汽车运渣	其中：建筑工程费 1546 万元，设备购置费 0 万元，安装工程费 3490 万元，材差 0 万元	5036
		除灰管 3 根 DN250，10km，灰水回水管 1 根ϕ325，10km	
四、水处理系统			
四	1. 锅炉补给水处理系统		
	A. 有反渗透系统	其中：建筑工程费 0 万元，设备购置费 1149 万元，安装工程费 929 万元，材差 0 万元	2078
		2×80t/h 超滤、反渗透加 2×100～120t/h 一级除盐加混床系统，含酸碱系统、中和池及除盐水箱等	
	B. 无反渗透系统	其中：建筑工程费 0 万元，设备购置费 797 万元，安装工程费 634 万元，材差 0 万元	1431
		过滤加一级除盐加混床系统，净出力为 2×120t/h，含酸碱系统、中和池及除盐水箱等	
	C. EDI	其中：建筑工程费 0 万元，设备购置费 1238 万元，安装工程费 918 万元，材差 0 万元	2156
		2×115m^3/h 超滤、3×86m^3/h 一级反渗透装置、3×73m^3/h 二级反渗透装置、EDI 装置 2×73m^3/h 及除盐水箱等	

续表

序号	模块名称	技术条件	造价合计
四	2. 循环水稳定处理系统		
	A. 加药处理	其中：建筑工程费0万元，设备购置费75万元，安装工程费9万元，材差0万元	84
		加酸加稳定处理	
	B. 弱酸处理	其中：建筑工程费0万元，设备购置费803万元，安装工程费372万元，材差0万元	1175
		过滤加双流弱酸离子交换器方案，处理水量1600t/h	
	3. 凝结水精处理		
	A. 前置除铁过滤器加高速混床系统	其中：建筑工程费0万元，设备购置费1158万元，安装工程费215万元，材差0万元	1373
		2×50%前置除铁装置加3×50%高速混床系统，2机合用1套再生系统。含树脂、阀门、电气控制。既可用于超临界湿冷机组，也可用于超临界空冷机组	
	B. 粉末树脂覆盖过滤器加高速混床系统	其中：建筑工程费0万元，设备购置费1410万元，安装工程费160万元，材差0万元	1570
		3×50%粉末树脂覆盖过滤器加2×50%高速混床系统，2机合用1套再生系统。适用于空冷超临界机组。含树脂、阀门、电气控制	

续表

序号	模块名称	技术条件	造价合计
四	4. 电厂循环水加氯系统		
	A. 电解食盐制氯	其中：建筑工程费 0 万元，设备购置费 123 万元，安装工程费 11 万元，材差 0 万元	134
		设备容量为 2×10kg/h，含电气控制	
	B. 电解海水制氯	其中：建筑工程费 0 万元，设备购置费 584 万元，安装工程费 32 万元，材差 0 万元	616
		设备容量为 2×90kg/h，设计界限：电解制氯间墙中心线外 1m 处，含工艺设备及管道、阀门，制氯间内的电气及控制设备等	
	5. 城市污水深度处理系统（中水处理）		
	A. 无中水处理		0
	B. 石灰凝聚、澄清、过滤处理（无除气装置，无曝气生物滤池）	其中：建筑工程费 3487 万元，设备购置费 2266 万元，安装工程费 405 万元，材差 0 万元	6158
		处理水量：2500～3000t/h	
		设计界限：污水深度处理站界区中心线 1m 处，包括加消石灰、加凝聚剂、加氯、加硫酸 pH 调整系统，以及污泥浓缩池、脱水机，无除气装置及生物滤池。澄清池不封闭	

续表

序号	模块名称	技术条件	造价合计
四	B. 石灰凝聚、澄清、过滤处理（无除气装置，无曝气生物滤池）	处理后做循环水补充水及全厂工业用水、锅炉补给水水源	
		污水处理厂至电厂管道投资另计	
	C. 前置处理加微滤或超滤	其中：建筑工程费 617 万元，设备购置费 1611 万元，安装工程费 205 万元，材差 0 万元	2433
		处理水量：800t/h，过滤膜采用压力式微滤膜	
		处理后仍需软化或除盐才能做循环水补充水及全厂工业用水、锅炉补给水水源	
		污水处理厂至电厂管道投资另计	
	6. 海水淡化装置		
	A. 无		0
	B. 低温多效蒸发方案	其中：建筑工程费 1162 万元，设备购置费 16976 万元，安装工程费 429 万元，材差 0 万元	18567
		按 20000t/d 设计，不包括海水预处理，产水作为全厂工业用水、生活用水及锅炉补给水水源等。以黄骅电厂为依托工程	

续表

序号	模块名称	技术条件	造价合计
四	C. 反渗透方案	其中：建筑工程费323万元，设备购置费8036万元，安装工程费227万元，材差0万元	8586
		按20000t/d设计，不包括海水预处理，产水作为全厂工业用水、锅炉补给水水源等。以玉环电厂为依托工程	
五、供水系统			
五	A. 二次循环：取用地表水	其中：建筑工程费17962万元，设备购置费1743万元，安装工程费12604万元，材差1886万元	34195
		扩大单元制，压力水管2×DN3000，焊接钢管，管线总长L=2000m	
		8500m^{2}逆流式自然通风冷却塔2座，考虑防冻措施	
		循环水泵4台（立式斜流泵）；集中循环水泵房1座，进水间和泵房全封闭，下部结构28m×24m×11m（长×宽×深），地上结构15m×46m×18.4m（长×宽×高）	
		补充水管2×DN800，焊接钢管，管道单线长度L=15km	
		补给水泵3台，补给水泵房1座，下部结构20.9m×19.0m×20.48m（长×宽×深）	

续表

序号	模块名称	技术条件	造价合计
		其中：建筑工程费 14210 万元，设备购置费 2204 万元，安装工程费 1211 万元，材差 805 万元	18430
五	B. 直流供水：河（湖）心取水①	取水头，8 根垂直立管	
		引水隧道，1×DN4800×1000m，盾构施工	
		循环水泵房 1 座，30.1m×33.4m×19m，沉井，循环水泵 4 台	
		压力水管，2×DN3000×1200m，预应力混凝土管	
		虹吸井 2 座，10m×36m 深 7m	
		双孔钢筋混凝土排水沟，2×3.5m×3.5m×1000m	
		排水连接井，15m×25m，深 16.5m，沉井	
		排水隧道 1×DN4850×250m，盾构施工	
		排水口，8 根垂直立管	
		海水直流系统时：淡水取水泵房一座，补给水泵 3 台，土建按 4 台一次建成。补给水管 2×DN450×15km	
		淡水直流系统时：处理容量 3×400m^3/h，处理工艺同 A	

续表

序号	模块名称	技术条件	造价合计
		其中：建筑工程费 14680 万元，设备购置费 1732 万元，安装工程费 1935 万元，材差 827 万元	19174
五	C. 直流供水：河（湖）岸边敞开式取水[②]	港池直接取水。循环水泵 4 台（立式斜流泵）；循环水泵房下部结构 27.90m×39.25m×15m，地下连续墙施工	
		扩大单元制，压力水管，2×DN3000×1200m 预应力钢筒混凝土管	
		虹吸井：16m×12m，深 7.5m	
		双孔钢筋混凝土排水沟，2×3.5m×3.5m×1000m	
		排水连接井：11m×5m×7m	
		排水管道 2×DN3600×200m，顶管	
		敞开式排水口：陡槽、消力池、导流堤、海漫，消力池由 12.50m 渐扩至 46m，L=35m，海漫 L=48m	
		海水直流系统时：淡水取水泵房一座，补给水泵 3 台，土建按 4 台一次建成。补给水管 2×DN450×15km	

续表

序号	模块名称	技术条件	造价合计
五	D. 直冷电泵	其中：建筑工程费 9792 万元，设备购置费 20482 万元，安装工程费 10627 万元，材差 814 万元	41715
		机械通风直接空冷，每机排汽主管管径为 2×ϕ6m，空冷凝汽器为单排管，每机空冷凝汽器面积 1763869m^2（1 台机组翅片总面积）	
		每机设变频调速低噪声风机 56 台，直径 9.15m，额定功率 132kW	
		2 台机组空冷平台尺寸 184.8m×81.4m，平台高度 40m，（钢筋混凝土空心管柱、钢结构平台）	
		扩大单元制，压力钢管 2×DN900	
		辅机冷却水配 3×35%机力塔，尺寸 3×15m×15m	
		辅机循环水泵 3 台，辅机循环水泵房，24m×12m（地上高 6.5m、地下深 3.8m）	
		地表水，2×DN500×15km 补给水管，升压泵房 1 座，补给水泵 3 台，土建按 4 台一次建成，14m×9m（地上高 6.5m、地下深 9.6m）	

续表

序号	模块名称	技术条件	造价合计
五	D. 直冷电泵	高压厂用电电压采用10kV一级时，每台机组设1台63/35-35MVA高压厂用工作分裂变和1台35MVA高压厂用公用脱硫双卷变，2台机组设1台70/40-40MVA有载调压高压厂用起动/备用分裂变；高压厂用电电压采用10kV、6kV二级电压时，每台机组设2台50/25/27MVA三卷高压厂用变压器，2台机组设2台同容量有载调压三卷高压厂用起动/备用变压器。每台机组设400V空冷PC 4段，由6台空冷低压变压器（4台运行2台备用）供电。高压开关柜短路电流分断能力为40kA。空冷风机采用变频调速。增加空冷系统380V低压电力电缆约80km，控制电缆约20km	
		每台机组增加：DCS约1600点；计算机和控制电缆40km；变送器25台；风速仪5台；风向仪5台；过程开关10个；热阻60只等工程量	
		空冷平台高40m，薄壁空心钢筋混凝土柱、直径3.8m，空间钢桁架平台	

续表

序号	模块名称	技术条件	造价合计
五	E. 直冷汽泵	其中：建筑工程费13009万元，设备购置费21140万元，安装工程费11533万元，材差1148万元	46830
		机械通风直接空冷，每机排汽主管管径为2×ϕ6m，空冷凝汽器为单排管，每机空冷凝汽器面积1950766m^2（1台机组翅片总面积）	
		每机设变频调速低噪声风机56台，直径9.753m，额定功率132kW	
		2台机组空冷平台尺寸184.8m×81.4m，平台高度45m，（钢筋混凝土空心管柱、钢结构平台）	
		扩大单元制，压力钢管2×DN900	
		辅机冷却水配3×35%机力塔，尺寸3×15m×15m	
		辅机循环水泵3台，辅机循环水泵房，24m×12m（地上高6.5m、地下深3.8m）	
		地表水，2×DN500×15km补给水管，升压泵房1座，补给水泵4台，土建按4台一次建成，14m×9m（地上高6.5m、地下深9.6m）	

续表

序号	模块名称	技术条件	造价合计
五	E. 直冷汽泵	空冷平台高 45m，薄壁空心钢筋混凝土柱、直径 3.8m，空间钢桁架平台	
		其中：建筑工程费 24592 万元，设备购置费 15381 万元，安装工程费 10800 万元，材差 2335 万元	53108
	F. 间接空冷	表凝式	
		间接空冷冷却塔从结构形式上分为三部分，基础部分、进风口支撑部分、通风部分，均为现浇钢筋混凝土结构；塔高 172m；进风口直径 132m；散热器面积 160 万 m^2	
		其中基础部分包括：环基、X 支柱支墩、冷却设备平台基础支撑墙、冷却设备平台基础；进风口支撑部分采用 X 支柱支撑；通风部分为双曲线型薄壳塔筒结构	
		每台空冷汽轮机配置一座空冷塔，被加热后的冷却水通过 3 台循环水泵经 DN3000 的循环水管送入空冷塔的散热器中，冷却后的水通过 DN3000 的循环水管返回凝汽器	

续表

序号	模块名称	技术条件	造价合计
五	F. 间接空冷	空冷散热器采用引进制造技术生产的椭圆翅片管,双流程布置形式，管束长 15m，宽 3.0m，每座空冷塔内布置散热器冷却三角数 292 个	
		空冷塔内冷却三角共分 12 个冷却段，可分段运行，每一段均设有独立的进排水阀门和放空阀	
		塔内设置两个高位膨胀水箱，设置容积为 $1300m^3$ 的地下贮水箱两个,与空冷散热器的放空管道连接	
		主机循环冷却水系统 2 台机组配 6 台循环水泵和一座循环水泵房。厂区内循环水管道 3040×14，2.45km	
		辅机冷却水 2 台机组配 3 格机力塔和 1 座辅机循环水泵房,机力塔性能参数：$3\times3000m^3/h$，尺寸 3×15.8m×15.8m，泵房尺寸 36m×9m	
		厂区内补给水管道 $\phi273\times6$，1km	
		补给水系统同模块 D	

续表

序号	模块名称	技术条件	造价合计
六、电气系统			
六	1. 升压站		
	A. 500kV 屋外配电装置	其中：建筑工程费 859 万元，设备购置费 1809 万元，安装工程费 586 万元，材差 0 万元	3254
		3/2 接线，2 回出线，2 个完整串，1 个不完整串，共 7 个断路器	
	B. 500kV 屋内 GIS 配电装置	其中：建筑工程费 1373 万元，设备购置费 3198 万元，安装工程费 179 万元，材差 0 万元	4750
		3/2 接线，2 回出线，2 个完整串，高压起/备变通过 500kV 断路器直接接至其中 1 条母线，共 7 个断路器	
	C. 330kV 屋外中型配电装置	其中：建筑工程费 689 万元，设备购置费 2961 万元，安装工程费 255 万元，材差 0 万元	3905
		3/2 接线，4 回出线，3 个完整串，1 个不完整串，共 10 个断路器	
	D. 220kV 模块	其中：建筑工程费 488 万元，设备购置费 583 万元，安装工程费 101 万元，材差 0 万元	1172
		3 回出线，2 回进线，母联断路器，起备电源引接间隔，双母线接线，共 7 个断路器	

续表

序号	模块名称	技术条件	造价合计
六	E. 220kV GIS 模块	其中：建筑工程费 669 万元，设备购置费 1386 万元，安装工程费 110 万元，材差 0 万元	2165
		主变压器进线按 2 回，1 回起动备用变压器进线、出线按 3 回，加母联共 7 个断路器间隔，再加 2 个母线设备间隔	
	F. 750KV 模块	其中：建筑工程费 1764 万元，设备购置费 4479 万元，安装工程费 531 万元，材差 0 万元	6774
		1 回出线，2 回进线，本期单母线接线，远期 2 串 1 个半接线，共 2 个断路器	
	G. 750kV GIS 模块	其中：建筑工程费 2015 万元，设备购置费 6839 万元，安装工程费 2112 万元，材差 0 万元	10966
		2 回出线，2 回进线，本期四角形接线，共 4 个间隔，不考虑扩建	
	2. 系统二次		
	A. 电厂 500kV 出线 2 回	其中：建筑工程费 0 万元，设备购置费 1560 万元，安装工程费 182 万元，材差 0 万元	1742
		系统保护及安全自动装置、调度自动化（远动、电能量采集、数据网、报价）、系统通信	

续表

序号	模块名称	技术条件	造价合计
六	B. 电厂330kV出线4回	其中：建筑工程费0万元，设备购置费1795万元，安装工程费119万元，材差0万元	1914
		系统保护及安全自动装置、调度自动化（远动、电能量采集、数据网、报价）、系统通信	
	C. 电厂220kV出线3回	其中：建筑工程费0万元，设备购置费1382万元，安装工程费85万元，材差0万元	1467
		系统保护及安全自动装置、调度自动化（远动、电能量采集、数据网、报价）、系统通信	
	D. 电厂750kV出线1回	其中：建筑工程费0万元，设备购置费1122万元，安装工程费73万元，材差0万元	1195
		系统保护及安全自动装置、调度自动化（远动、电能量采集、数据网、报价）、系统通信	
	E. 电厂750kV出线2回	其中：建筑工程费0万元，设备购置费1884万元，安装工程费108万元，材差0万元	1992
		系统保护及安全自动装置、调度自动化（远动、电能量采集、数据网、报价）、系统通信	

续表

序号	模块名称	技术条件	造价合计
七、热工控制系统			
七	1. 生产期 MIS		
	A. 微机服务器双机		750
		主服务器具有中速响应、中速数据交换能力,保证信息系统不间断运行，采用微机双机热备	
		中心交换机支持三层交换、能实现不同层交换路径负载均衡、具有多个千兆光纤端口、支持冗余配置、满足 VLAN 划分要求等	
		系统软件功能同 A 模块	
		应用软件满足电厂对信息管理的较高要求，具有生产管理、经营管理、设备管理、燃料管理、办公管理等功能,并具有信息集成功能。在设备管理(含物资管理)方面的要求较高，并需要高层辅助决策时,采用引进设备管理、辅助决策支持软件	
	B. 微机服务器单机		400
		主服务器在应用较少的情况下,满足信息系统数据交换及响应时间，故障时可较快恢复，采用微机服务器单机	

续表

序号	模块名称	技术条件	造价合计
七	B. 微机服务器单机	中心交换机支持三层交换、具有多个千兆光纤端口、满足VLAN划分要求等	
		系统软件满足微机服务器对操作系统以及数据库的要求，具有网络管理、数据备份、防病毒等功能	
		应用软件满足电厂信息管理的基本要求，应用软件全部国产	
	2. 数字化燃料管理系统	范围：含入厂调度系统，制样化验系统编码机、扫码器，激光盘煤仪，视频监视、门禁管理系统，网络通信设备，数据接口设备，软件平台，不含汽车衡、轨道衡、取样机、化验设备	
	A. 未设置数字化燃料管理系统		0
	B. 圆形煤场（火车运煤进厂）	1重1空火车入厂调度系统，2个煤场，每个煤场激光盘煤仪3套	500
	C. 圆形煤场（汽车运煤进厂）	4重3轻20车位卸煤沟汽车入厂调度系统，2个煤场，每个煤场激光盘煤仪3套	590

续表

序号	模块名称	技术条件	造价合计
七	D. 圆形煤场（海运来煤）	2个煤场，每个煤场激光盘煤仪3套	460
	E. 条形煤场（火车运煤进厂）	1重1空火车入厂调度系统，1个煤场，每个煤场轨道式激光盘煤仪1套	300
	F. 条形煤场（汽车运煤进厂）	4重3轻20车位卸煤沟汽车入厂调度系统，1个煤场，每个煤场轨道式激光盘煤仪1套	390
	G. 条形煤场（海运来煤）	1个煤场，每个煤场轨道式激光盘煤仪1套	260
八、附属生产工程			
八	1. 暖通及启动锅炉		
	A. 集中采暖区	其中：建筑工程费3002万元，设备购置费716万元，安装工程费278万元，材差0万元	3996
		有采暖系统，燃油，35t/h，1.27MPa，350℃，2台	
	B. 非集中采暖区	其中：建筑工程费1745万元，设备购置费363万元，安装工程费158万元，材差0万元	2266
		无采暖系统，燃油，35t/h，1.27MPa，350℃，1台	

续表

序号	模块名称	技术条件	造价合计
八	2. 氢气系统		
	A. 制氢干燥储存系统	其中：建筑工程费96万元，设备购置费211万元,安装工程费60万元，材差0万元	367
		$1\times10Nm^3/h$ 水电解制氢、干燥装置，配贮氢罐4个	
	B. 外购氢气系统	其中：建筑工程费128万元，设备购置费84万元，安装工程费4万元，材差0万元	216
		设置集装氢瓶及实验室检测仪表,不设在线监测仪表及大型贮氢罐、氢气干燥装置	
九、交通运输工程			
九	A. 铁路运输（翻车机）	厂外铁路 12km，厂内铁路5.5km	13650
	B. 铁路运输（底开车）	厂外铁路12km，厂内4km	13200
	C. 汽车运输	厂外专用运煤公路3km，三级标准，路面宽7m，路基8.5m	2442
	D. 海运，3.5万吨级（结构兼顾5万吨级）	码头平面，尺寸 $274\times32m^2$，码头预应力管桩 $D=1200mm$，$L=40\sim50m$，透水栈桥，尺寸 $1125\times18.5m^2$，引桥 600×600 预应力方桩（不含码头设备）	15302

续表

序号	模块名称	技术条件	造价合计
十、地基处理			
十	A. 46mPHC 桩	主厂房、烟囱、锅炉、汽机基础等采用ϕ600×110PHC 桩，桩长 46m，约 2200 根，集控楼、电除尘、送风机支架、引风机支架、烟道支架和输煤转运站等采用 PHC 桩，约 3000 根，辅助附属建筑物采用复合地基	13554
	B. 30mPHC 桩	主厂房、烟囱、锅炉、汽机基础等采用ϕ600×110PHC 桩，桩长 30m，约 2800 根，集控楼、电除尘、送风机支架、引风机支架、烟道支架和输煤转运站等采用ϕ500×100PHC 桩，桩长 22～30m，约 3800 根。辅助附属建筑物采用复合地基	8255
	C. 25m 钢筋混凝土钻孔灌注桩	主厂房、烟囱、锅炉、汽机基础等采用桩长 25m 的ϕ800 钢筋混凝土钻孔灌注桩约 2000 根，集控楼、空冷平台、灰库、送风机支架、引风机支架和输煤转运站等采用桩长 25m 的ϕ800 钢筋混凝土钻孔灌注桩约 2000 根。辅助附属建筑物采用复合地基	14214

续表

序号	模块名称	技术条件	造价合计
十	D. 沿海长钢桩	主厂房、烟囱、锅炉、汽机基础等采用 70m 钢桩约 2500 根，集控楼、电除尘、送风机支架、引风机支架、烟道支架和输煤转运站等采用ϕ500×100 和ϕ600×110PHC 桩，桩长 30～40m，约 3800 根。辅助附属建筑物采用复合地基	34838
十一、厂区及施工区土石方工程			
十一	A. 平原电厂	80 万 m^3	2382
	B. 山区电厂	270 万 m^3（土石比 6:4）	11853
	C. 吹沙填海电厂	250 万 m^3	4404
十二、脱硫装置系统			
十二	1. 不同技术路线		
	A. 单塔双循环		20819
	B. 双塔双循环		21876
	2. 湿法脱硫主体		

续表

序号	模块名称	技术条件	造价合计
十二	湿法脱硫主体（不含GGH）		15981
		燃煤收到基含硫量 1.3%	
		燃煤低位发热量 20000KJ/kg	
		脱硫效率 98.9%	
		喷淋吸收塔 2 座	
		事故浆液箱 1 座	
		氧化风机 4 台	
		循环泵 12 台	
		脱硫负荷由高压厂用工作母线引接，每台炉设低压脱硫变 2 台，互为备用，交流事故保安负荷由机组保安电源统一供给，设 1 组 110V300Ah 直流蓄电池，单独设 1 套 20KVA 交流不停电电源（UPS）	
		主控制系统采用 DCS；视频监视系统 1 套；每台机组烟气连续监测装置（烟气进、出口）2 套；火灾自动报警系统 1 套；脱硫 pH 仪、浆液分析仪、电磁流量仪、物位仪、逻辑开关、电动/气动执行机构、变送器、热电偶、风量测量及一次检测元件等就地仪表 2 套	
		不含地基处理	

续表

序号	模块名称	技术条件	造价合计
十二	3. 石灰石制备系统		
	A. 石灰石制浆（湿磨）		3008
		粒径不大于 20mm 的石灰石块进厂	
		脱硫岛内设湿磨制浆车间，直接制备石灰石浆液	
		湿式球磨机 24t/h，2 台	
		混凝土石灰石块仓，2 座，3 天储量	
	B. 石灰石制浆（干磨）		2719
		粒径不大于 30mm 的石灰石块进厂	
		中速磨机 24t/h，2 台	
		混凝土制石灰石粉仓，1 座，3 天储量	
		混凝土石灰石块仓，2 座，3 天储量	
		另设 2 台 1000KVA 低压变，互为备用	
	C. 石灰石粉制浆		787
		成品石灰石粉进厂	
		混凝土石灰石粉仓，厂内石灰石粉仓，1 座，3 天储量	

续表

序号	模块名称	技术条件	造价合计
4. 石膏脱水系统			
十二	A. 皮带机脱水、石膏库房		1829
		真空皮带脱水机42t/h，2 台	
		混凝土石膏库房，3 天容量	
		单点落料，行车整理	
	B. 皮带机脱水、石膏仓储放		2384
		真空皮带脱水机42t/h，2 台	
		混凝土石膏仓，2 座，2 天容量	
		石膏仓卸料装置，84t/h，2 台	
	C. 无脱水，石膏浆液外送	石膏输送管线 3km 抛弃点高差起伏不大，不考虑抛弃泵后的抛弃输送管投资	711
十三、脱硝装置系统			
十三	A. 同步脱硝（尿素）	造价范围说明：含设备、建筑、安装、其他费用、价差及基本预备费	8894
		催化剂的层数按初装 2 层设计	
		尿素贮存、溶解、热解和输送系统及设备	
		省煤器和 SCR 均不设烟气旁路	

续表

序号	模块名称	技术条件	造价合计
十三	B. 同步脱硝（液氨）	造价范围说明:含设备、建筑、安装、其他费用、价差及基本预备费	7912
		催化剂的层数按初装 3 层设计	
		液氨的贮备系统及设备(含液氨卸载装置及贮罐)	
		省煤器和 SCR 均不设烟气旁路	

① 若为深海取水，造价 27977 万元。

② 若为海边敞开式取水，造价 28481 万元。

三、2×1000MW 超超临界燃煤机组火电工程限额设计参考造价指标及调整模块

（一）编制说明

1. 主要编制依据

（1）主要设备价格以中国电能成套设备有限公司提供的资料为基础，并综合考虑各发电集团公司意见，同时参照实际工程招标情况作了部分修正。

（2）建筑、安装工程主要材料价格采用北京地区 2022 年价格，其中安装材料的实际价格以电力建设工程装置性材料价格资料为基础，并结合 2022 年实际工程招标价格作了综合测算。人工工资、定额材料机械调整执行电力工程造价与定额管理总站《关于发布发 2018 版电力建设工程概预算定额 2022 年度价格水平调整的通知》（定额〔2023〕1 号）。

（3）定额采用国家能源局 2019 年 11 月发布的《电力建设工程概算定额》（2018 年版），部分项目采用《北京市建筑工程概算定额》。

（4）费用标准按照 2019 年 11 月国家能源局发布的《火力发电工程建设预算编制与计算规定》，其他政策文件依照惯例使用至 2022 年底止。

（5）国产机组造价内已含少量必要的进口设备、材料费用，进口汇率按 1USD＝6.8854RMB，其相应的进口费用已

计入设备材料费中，其中的关税按《中华人民共和国进出口关税条例》中的优惠税率计。

（6）抗震设防烈度按 7 度考虑。

（7）本指标价格只计算到静态投资，基本预备费率为 3%。

2. 编制范围

本指标不包括下列内容：

（1）灰渣综合利用项目（指厂外项目）。

（2）厂外光纤通信工程。

（3）地方性的收费。

（4）项目融资工程的融资费用。

（5）价差预备费。

（6）建设期贷款利息。

3. 基本技术组合方案说明

与 2021 年水平相比，生产附属及公共福利工程面积、监控视频点数、钢结构防火范围进行了调整。

4. 费用变化说明

取价原则变化，价格水平贴近市场，采用中等偏低价格。

5. 调整指标及模块有关说明

与 2021 年水平相比，模块未做调整。

每个模块列出的明细表仅为该模块各方案间有差异的主要内容，模块方案造价不只包含明细表中列出的内容，模块造价为静态投资，含模块界限内的建筑、设备、安装费用，不含其他费用、材料价差（烟风煤管道、高压汽水管道、中低压管道价差，以及烟囱和主厂房结构模块的建筑材料价差除外）及基本预备费，脱硫及脱硝模块为完整的静态投资（含材差、其他费用及基本预备费），模块各方案造价的边界一致，可以互换，个别模块需要与其他模块联合使用。若现有调整模块不能覆盖实际工程的技术条件时，造价分析时可根据工程实际情况自行调整。

（二）2×1000MW 机组参考造价指标

（单位：元/kW）

机组容量			2022 年造价
1000MW 超超临界	两台机组	新建	3506
		扩建	3213

注 1 “扩建”指在规划容量内连续扩建 2 台同型机组，详细技术条件与工程量见附表，在其他条件下必须进行调整。

2 依托老厂、机组类型大于上期的建设项目，单位千瓦造价约为新建工程的 92%。

（三）各类费用占指标的比例

（单位：%）

机组容量	建筑工程费用	设备购置费用	安装工程费用	其他费用	合计
2×1000MW 超超临界	24.79	43.18	19.84	12.19	100

（四）2×1000MW 机组新建工程其他费用汇总表

（单位：万元）

序号	工程或费用名称	2022 年
一	建设场地占用及清理费	15234
二	项目建设管理费	12714

续表

序号	工程或费用名称	2022 年
三	项目建设技术服务费	19072
四	整套启动试运费	9831
五	生产准备费	5230
六	大件运输措施费	700
合计		62781

注　不含基本预备费，不含脱硫、脱硝装置系统的其他费用。

（五）2×1000MW 机组新建工程主要参考工程量

序号	项目名称	单位	2022 年
一	主厂房体积	m^3	655851
1	汽机房体积	m^3	232178
2	除氧间体积	m^3	81526
3	煤仓间体积	m^3	111864
4	炉前封闭体积	m^3	18762
5	锅炉运转层以下体积	m^3	175776
6	集控楼体积	m^3	35745
二	热力系统汽水管道，其中：	t	5412
1	高压管道	t	2924
（1）	主蒸汽管道	t	890
（2）	再热蒸汽（热段）	t	918

续表

序号	项目名称	单位	2022 年
(3)	再热蒸汽（冷段）	t	360
(4)	主给水管道	t	756
2	中低压管道	t	2956
三	烟风煤管道	t	5770
四	热力系统保温油漆（含炉墙保温）	m^3	27920
五	全厂电缆，其中：	km	2890
1	电力电缆	km	490
2	控制电缆	km	2400
六	电缆桥架（含支架）	t	2300
七	土建主要工程量		
1	主厂房基础	m^3	5627
2	主厂房框架	m^3	12358
3	主厂房吊车梁	t	275
4	钢煤斗	t	872
5	汽机平台	m^2	6032
6	主厂房钢屋架	t	841
八	建筑三材量		
1	钢筋	t	54543
2	型钢	t	18689

续表

序号	项目名称	单位	2022 年
3	木材	m^3	1198
4	水泥	t	191269
九	厂区占地面积	hm^2	49
十	施工临时用地面积	hm^2	27

注 1 主厂房体积含集控楼体积，含锅炉运转层以下部分体积。

2 建筑三材量不包括铁路、码头部分。

3 锅炉的本体管道保温按照工程量项目划分原则归入全厂保温油漆的量中。

4 高压管道工程量计算以锅炉 K1 柱外 1m 为界。K1 柱处主汽管道标高为 76m，再热冷段管道标高为 74m，再热热段管道标高为 49m，主给水管道标高为 29m。

5 不含脱硫、脱硝装置系统各项工程量。

6 电缆桥架采用镀锌钢材。

（六）建筑材料及征地价格

序号	项目名称	单位	2022 年 实际单价 （不含税）
一、建筑三材			
1	水泥	元/t	478
2	木材	元/m^3	—
3	钢筋	元/t	4113

续表

序号	项目名称	单位	2022 年实际单价（不含税）
4	型钢	元/t	4342
5	钢板	元/t	4236
二、征地			
1	厂区及厂外道路	元/亩	120000
2	灰场	元/亩	70000
三	临时用地	元/亩·年	5000

（七）1000MW 机组装置性材料实际综合价格

（单位：万元）

序号	材料名称	单位	2022 年参考价（不含税）
1	主蒸汽管道 P92	元/t	70329
2	再热热段蒸汽管道 P92	元/t	75131
3	再热冷段蒸汽管道	元/t	34782
4	主给水管道	元/t	49798
5	锅炉排污、疏放水管道	元/t	13256
6	汽机抽汽管道	元/t	24711
7	辅助蒸汽管道	元/t	19110

续表

序号	材料名称	单位	2022 年参考价（不含税）
8	加热器疏水、排气、除氧器溢放水管道	元/t	20991
9	凝汽器抽真空管道	元/t	19581
10	汽轮机本体轴封蒸汽及疏水系统	元/t	18337
11	汽轮发电机组油、氮气、二氧化碳、外部冷却水系统管道	元/t	19596
12	给水泵汽轮机本体系统管道	元/t	16638
13	主厂房循环水、冷却水管道	元/t	13870
14	主厂房内空气管道	元/t	16831
15	中低压给水管道	元/t	21636
16	0 号柴油	元/t	7660
17	烟道	元/t	8573
18	热风道	元/t	8892
19	冷风道	元/t	8707
20	送粉管道	元/t	11664
21	原煤管道	元/t	6504
22	岩棉	元/m^3	400

续表

序号	材料名称	单位	2022 年参考价（不含税）
23	硅酸铝	元/m^3	517
24	微孔硅酸钙	元/m^3	1246
25	超细玻璃棉	元/m^3	687
26	电力电缆 6kV 以上	元/km	261167
27	电力电缆 6kV 以下	元/km	81215
28	电气控制电缆	元/km	12048
29	热控电缆	元/km	10094
30	计算机电缆	元/km	9684
31	补偿电缆（综合价）	元/km	27821
32	共箱母线	元/m	5805
33	共箱母线（交流励磁）	元/m	13605
34	共箱母线（直流励磁）	元/m	10435
35	电缆桥架（钢）	元/t	9123
36	电缆支架（钢）	元/t	6664

注 炉墙砌筑材料价格在保温材料中统一体现。

（八）1000MW 机组设备参考价格

（单位：万元）

序号	设备名称	规格型号	单位	2022 年参考价
一、热力系统				
1	锅炉（烟煤）	超超临界，3080t/h，过热蒸汽压力：29.4MPa（a）；再热器出口温度：623℃，不含节油点火装置，塔式炉	台	52000
2	锅炉（烟煤）	超超临界，3080t/h，过热蒸汽压力：29.4MPa（a）；再热器出口温度：623℃，不含节油点火装置，Π型炉	台	51500
3	锅炉（烟煤）	超超临界，二次再热，不含节油点火装置，塔式炉	台	62000
4	锅炉（烟煤）	超超临界，二次再热，不含节油点火装置，Π型炉	台	61500
5	锅炉（褐煤）	超超临界	台	63000
6	节油点火装置	等离子点火装置（2 层）	套/炉	440
7	节油点火装置	小油枪点火装置	套/炉	210
8	汽轮机	超超临界，1000MW，湿冷，四缸四排汽，28/600/620	台	21500

续表

序号	设备名称	规格型号	单位	2022年参考价
9	汽轮机	超超临界，二次再热，五缸四排汽	台	26500
10	汽轮发电机	QFSN-1000-2型，含静态励磁系统	台	12500
11	中速磨煤机	HP1163/MPS235-HP-Ⅱ/ZGM123	台	560
12	中速磨煤机	褐煤	台	730
13	双进双出钢球磨	BBD-4366，1900kW（含钢球、润滑油、密封风机等）	台	890
14	双进双出钢球磨	MGS4760，2100kW（含钢球、润滑油、密封风机等）	台	980
15	电子称重式给煤机	出力10～100t/h	台	27
16	送风机（含电机）	动叶可调轴流式 Q=1285200m^3/h，2500kW	台	215
17	引风机（含电机）	动叶可调轴流式 Q=2833200m^3/h，10500kW（引风机与增压风机合并）	台	460
18	一次风机（含电机）	动叶可调轴流式，Q=643788m^3/h，4750kW	台	200

续表

序号	设备名称	规格型号	单位	2022 年参考价
19	低温省煤器	一级，重量 1500t	套	2100
20	电除尘器	三室五电场（含高频电源），$\eta \geqslant 99.84\%$，5250t	套	6050
21	电除尘器	三室五电场（含高频电源），采用低低温技术，$\eta \geqslant 99.92\%$，5250t	套	6930
22	电袋除尘器	三室一电场	套	5000
23	湿式除尘器	双室一电场（含电源），$\eta \geqslant 70\%$	套	2800
24	50%汽动给水泵	含主泵、前置泵、出口流量：1573t/h，抽头流量：105t/h，扬程～33MPa	套	630
25	50%给水泵小汽机	小汽机及 MEH 等仪表与控制系统	套	880
26	30%电动给水泵	启动泵，定速泵。含主泵、前置泵、齿轮箱、主泵电机，不含出口调节阀。芯包国产，出口和最小流量阀逆止门进口	套	650
27	100%汽动给水泵	汽动给水泵组 1×100%（芯包、前置泵、出口和最小流量阀进口）	台	1050

续表

序号	设备名称	规格型号	单位	2022 年参考价
28	100%汽泵小汽机	单缸、单流程或双流程、下排汽，含集装油箱，凝汽器、小机盘车、排汽管道等。进口变速箱	台	1650
29	凝汽器	钛管，$60000m^2$	台	7020
30	凝汽器	不锈钢 304，$60000m^2$	台	2880
31	凝汽器	不锈钢 316，$60000m^2$	台	3810
32	凝汽器	不锈钢 317，$60000m^2$	台	4920
33	凝汽器	不锈钢 316L，$60000m^2$	台	3990
34	凝汽器	不锈钢 317L，$60000m^2$	台	5220
35	汽机旁路装置	35%BMCR，高低压两级串联	套	550
36	汽机旁路装置	100%BMCR,高低压两级串联	套	800
37	汽机旁路装置	40%BMCR，高中低三级旁路	套	630
38	汽机旁路装置	100%BMCR,高中低三级旁路	套	1100
39	除氧器及水箱	最大出力＞3130t/h，有效容积：$300m^3$	套	420
40	高压加热器	三级，卧式（含阀门），单列（含外置蒸汽冷却器）	套	1800

续表

序号	设备名称	规格型号	单位	2022年参考价
41	高压加热器	四级，用于二次再热机组（U形管，含外置蒸汽冷却器）	套	2200
42	高压加热器	四级，用于二次再热机组（蛇形管，含外置蒸汽冷却器）	套	3700
43	低压加热器	五级		1000
44	凝结水泵	100%。不含变频器	台	130
45	真空泵	50%，每台机3台，2用1备	台	60
46	汽机房行车	130/30t，跨度33m，含保护	台	240
47	汽机房行车	130/32t，主梁加固到235t，跨度30m	台	315
二、燃料供应系统				
48	翻车机	C型单车翻车机及其调车系统 Q=25节/h	套	1200
49	翻车机	折返式双车翻车机及其调车系统 Q=40节/h	套	1700
50	桥式抓斗卸船机	1500t/h 轨距22m	台	3600
51	清仓机	180HP	台	280

续表

序号	设备名称	规格型号	单位	2022年参考价
52	斗轮堆取料机	1500/1500t/h 臂长35m，折返式	套	1100
53	斗轮堆取料机	3600/1500 t/h 臂长40m，通过式	套	1500
54	圆形煤场堆取料机	圆形煤场直径120m，3600/1500t/h 堆料机臂长35.8m，门式/桥式	台	1400
55	活化给煤机	Q=1500t/h	台	100
56	胶带输送机	1400mm（含胶带，不含皮带机保护元件，减速器为中外合资产品）	m	0.85
57	输煤皮带机	1600mm（含胶带，不含皮带机保护元件，减速器为中外合资产品）	m	0.95
58	胶带输送机	1800mm（含胶带，不含皮带机保护元件，减速器为中外合资产品）	m	1
59	环（锤）式碎煤机	1000t/h	台	60
60	滚轴筛	Q=1500t/h	台	35
61	皮带给煤机	B=1600mm Q=350～860t/h	台	30
62	桥式叶轮给煤机	B=1400mm Q=300～1000t/h 带变频调速	台	35

续表

序号	设备名称	规格型号	单位	2022年参考价
63	推煤机	TY220型	台	80
64	装载机	ZL50	台	35
65	火车取样装置	门式，跨距6m，用于单台翻车机（缩分、破碎、液压装置进口，减速器为中外合资产品）	台	80
66	汽车取样装置	缩分、破碎、液压装置进口，减速器为中外合资产品	套	50
67	皮带中部取样装置	B=1400mm双取样头，对应1套二级缩分、一级破碎、回煤装置（用于入炉煤，取样头、缩分、破碎装置进口）	台	75
68	皮带中部取样装置	B=1800mm单取样头，对应1套三级缩分、二级破碎、回煤装置（用于入厂煤，取样头、缩分、破碎装置进口）	台	100
69	动态轨道衡	断轨	台	35
70	动态轨道衡	不断轨	台	60

续表

序号	设备名称	规格型号	单位	2022 年参考价
71	二工位头部伸缩装置	B=1400mm	台	35
72	三工位头部伸缩装置	B=1400mm	台	40
73	运煤系统一次元件（新建）	包括双向拉绳开关、二级跑偏开关、胶带纵向撕裂检测装置、煤流检测装置、速度检测装置、堵煤信号、原煤仓高、低和连续料位信号等	套	95
74	运煤系统一次元件（扩建）	包括双向拉绳开关、二级跑偏开关、胶带纵向撕裂检测装置、煤流检测装置、速度检测装置、堵煤信号、原煤仓高、低和连续料位信号等	套	30
三、除灰系统				
75	气力除灰	输灰、控制、除尘设备等，不含管道、空压机，输送距离～850m，单台炉除灰系统出力 115t/h；三室五电场，2×48＋2×4 个灰斗	套/2 炉	970

续表

序号	设备名称	规格型号	单位	2022年参考价
76	刮板捞渣机	单侧捞渣机（关键部件进口，含渣井、关断门、液压控制等），长度65m，出力10～80t/h	台	550
77	干式排渣机	（含渣井，关断门，碎渣机，渣仓，就地控制，斗式提升机）出力：50～55t/h，长度55m	套	680
四、水处理系统				
78	超滤装置	含加药装置、进水泵、保安过滤器、反洗水泵、水箱、膜组件、换热器等	吨/小时	1.2
79	反渗透装置	含加药装置、反洗水泵、升压泵、保安过滤器、水箱、膜组件、换热器等	吨/小时	1.5
80	制氢装置	含程控，无人职守，4个罐，2×10Nm³/h	套	420
81	水汽集中取样分析装置	部分仪表进口，常规仪表国产，不含凝汽器检漏	套/1机	130
82	电解海水制氯	设备容量为2×130kg/h（可连续及冲击加氯），含工艺设备、管道、阀门、电气、控制等	套/2机	650

续表

序号	设备名称	规格型号	单位	2022年参考价
83	凝结水精处理装置	两机一套再生装置，含程控，含树脂，配2×50%前置过滤器+4×33%混床	套/2机	1600
五、供水系统				
84	循环水泵	流量 $9.3m^3/s$，扬程28.5m，立式斜流泵，电动机功率3650kW（1机3泵，二次循环，国产）	台	340
85	循环水泵	流量 $15.7m^3/s$，扬程17.5m，立式斜流泵，电动机功率4000kW（1机2泵，直流供水）。过流部件材质常规配置	台	1250
86	循环水泵	耐海水，流量 $9.3m^3/s$，扬程28.5m，立式斜流泵，电动机功率3650kW（1机3泵，直流供水，国产）	台	630
87	循环水泵	耐海水，流量 $9.3m^3/s$，扬程28.5m，立式斜流泵，电动机功率3650kW（1机3泵，直流供水，国产）采用双相不锈钢	台	650
88	补给水泵（含电动机）	流量 $2520m^3/h$，扬程45m，卧式离心泵，电动机功率500kW	台	32

续表

序号	设备名称	规格型号	单位	2022年参考价
89	直接空冷设备	包括空冷凝汽器、A型架、隔墙、蒸汽分配管、风机桥架、防护网	万m^2	40
90	空冷风机	直径9.75m，功率132kW，含变频器、风机筒、电机、齿轮箱	台	35
91	间接空冷设备	包括散热器管束、冷却三角框架、支撑件、百叶窗、散热器清洗系统、塔内管道。管束垂直布置（适用于主机冷却）	万m^2	41
六、电气系统				
92	主变压器	500kV 380MVA 单相无载调压	台	1100
93	主变压器	500kV 1140MVA 三相无载调压	台	2850
94	主变压器	750kV，380MVA	台	1350
95	SF_6断路器	500kV，50kA/63kA 罐式 液动 带合闸电阻（国产）	台	250
96	SF_6断路器	500kV，50kA/63kA 罐式 液动	台	225
97	SF_6断路器	500kV，50kA/63kA 柱式带合闸电阻	台	90

续表

序号	设备名称	规格型号	单位	2022年参考价
98	SF_6断路器	500kV，50kA/63kA 柱式	台	80
99	SF_6断路器	750kV，50kA/63kA 罐式 液动	台	700
100	500kV户内GIS	断路器间隔，4000A，63kA,含主母线及分支母线	间隔	450
101	500kV户内GIS	母线设备间隔	间隔	70
102	750kV GIS		间隔	2500
103	1000kV户内GIS		间隔	7500
104	高压厂用变压器	无载调压，68/34-34MVA分裂变，27kV/10kV	台	525
105	高压厂用变压器	无载调压，84/49-49MVA分裂变，27kV/10kV	台	650
106	高压厂用变压器	无载调压，80/50-50MVA分裂变，27kV/10kV	台	610
107	起动/备用变压器	有载调压（进口开关），500kV/10.5kV，78/45-45MVA 分裂变	台	940

续表

序号	设备名称	规格型号	单位	2022年参考价
108	起动/备用变压器	有载调压（进口开关），500kV/10.5kV，84/49-49MVA分裂变	台	1020
109	起动/备用变压器	有载调压，5000kV/10.5kV，80/50-50MVA分裂变	台	1070
110	起动/备用变压器	有载调压，220kV/10.5kV，70/40-40MVA分裂变	台	700
111	发电机断路器	额定短路开断电流：对称开断分量160kA	台	1100
112	高压开关柜	中置手车式开关柜，3150A，40kA，进口真空开关	台	18
113	高压开关柜	中置手车式开关柜，3150A，40kA，配真空断路器	台	14
114	高压开关柜	中置手车式开关柜，2000A，40kA，配真空断路器	台	8.8
115	高压开关柜	中置手车式馈线柜，1250～1600A，40kA，配真空断路器	台	11

续表

序号	设备名称	规格型号	单位	2022 年参考价
116	高压开关柜	KYN-10，PT 柜	台	4.5
117	高压开关柜	F-C 单回路，40kA	台	8
118	高压开关柜	中置手车式开关柜，4000A，50kA，内配进口真空断路器	台	27
119	高压开关柜	馈线柜，1250A，50kA（合资厂真空断路器柜）	台	13.5
120	高压开关柜	馈线柜，50kA（合资厂单回路 F-C 柜）	台	11
121	低压开关柜	PC，主厂房内	台	6.5
122	低压开关柜	MCC，主厂房内	台	4.5
123	输煤程控装置	上位机、PLC 程控、网络通信电缆、输煤工业电视系统，不包括传感器	套	255
124	交流不停电电源装置	100kVA，单台（三相输入，单相输出）	套	45
125	网络监控系统	网络微机监控系统	套	205

续表

序号	设备名称	规格型号	单位	2022年参考价
126	柴油发电机	1800kW（含脱硫），主机进口	台	380
七、热工控制系统				
127	机组分散控制系统	包括DAS、MCS、SCS（含电气控制）、FSSS等4功能子系统，配5个操作员站等人机接口设备，I/O点规模为13000点	套	650
128	火检及冷却风系统	根据炉型不同火检数量不同，按前后墙对冲燃烧方式，84只火检，2台冷却风机，进口	套	150
129	视频监视系统	300点	套	300
八、附属生产工程				
130	启动锅炉及辅机	燃油，50t/h，1.29MPa，300℃	台	430
131	启动锅炉	燃气，50t/h	台	720

注　锅炉含FSSS就地设备，工业电视、吹灰器及控制装置、烟温探测及控制设备、空预器间隙自控装置、炉前油系统等。

（九）2×1000MW 机组基本技术组合方案

系统项目	2×1000MW＋2×1000MW	
名称	新建	扩建
一、热力系统		
1. 主厂房结构形式及布置（含集控楼）	汽机纵向，机头朝向固定端，主厂房钢筋混凝土结构，锅炉半露天；汽机房跨度 34m，除氧间跨度 9.5m，煤仓间跨度 13.5m（柱中心），柱距 10m，厂房长 183.3m，汽机运转层标高 16.5m，炉前通道 8m；主厂房体积 655851m^3，其中汽机房体积 232178m^3、除氧间体积 81526m^3、煤仓间体积 111864m^3、集控楼体积 35745m^3、炉前封闭体积 18762m^3、锅炉运转层以下封闭体积 175776m^3	同新建
2. 锅炉	超超临界烟煤炉，Π 型，3080t/h（钢炉架，同步脱硝，含节油点火装置），2 台	同新建
3. 汽轮机	28MPa（a）/600/620℃，2 台	同新建
4. 汽轮发电机	型号 QFSN-1000，2 台水-氢-氢冷却、静态励磁汽轮发电机	同新建
5. 制粉系统	中速磨煤机 ZGM123N-I 型，1000kW，12 台	同新建

续表

系统项目	2×1000MW＋2×1000MW	
名称	新建	扩建
6. 风机	送风机：动叶可调轴流式 Q=1285200m³/h，4562Pa，2500kW，4台	同新建
	引风机：动叶可调轴流式 Q=2833200m³/h，9912Pa，10500kW，4台	
	一次风机：动叶可调轴流式 Q=643788m³/h，174886Pa，4750kW，4台	
7. 除尘系统	三室五电场低低温静电除尘器，4台	同新建
8. 给水泵	汽动给水泵，1564.5m³/h，效率83%，30.7MPa，5600r/m，4台；电动给水泵，30%BMCR 容量，启动用，900t/h，11 MPa，2台	同新建
9. 旁路系统	每台机组设置一套高压和低压两级串联汽轮机旁路系统，旁路容量按35%BMCR设置	同新建
10. 四大管道材质	主汽管道（P92）；再热热段（P92）；再热冷段（A672B70CL32）；主给水管道（15NiCuMoNb5-6-4）	同新建

续表

系统项目	2×1000MW+2×1000MW	
名称	新建	扩建
11. 锅炉真空清扫系统	1台125HP真空吸尘车，两台炉各平台的吸尘管道以及煤仓间的吸尘管道	同新建
12. 暖通系统	汽机房自然进风、屋顶排风机排风，制冷站3×50%风冷冷水机组，集控楼2套2×100%组合空调机组；煤仓间原煤斗高压静电除尘器	同新建
13. 烟道支架	烟道支架为钢筋混凝土结构	同新建
14. 引风机支架	钢筋混凝土框架结构	同新建
15. 送风机支架	钢筋混凝土框架结构	同新建
16. 烟囱	240m/2×ϕ8.5m，1座；钢筋混凝土外筒、钛钢复合板双钢内筒烟囱	同新建
二、燃煤供应系统		
1. 简要说明	运煤系统按4×1000MW规划设计，卸煤和贮煤设施分期建设	
2. 卸煤	全部铁路敞车运煤进厂，2套单车翻车机及调车系统，4台活化给煤机Q=800t/h，2台火车取样机	同新建

续表

系统项目	2×1000MW＋2×1000MW	
名称	新建	扩建
3. 贮煤	煤场容量 2×1000MW 机组 20 天耗煤量。斗轮堆取料机，1500/1500t/h，臂长 45m，折返式，2 台。推煤机 3 台，装载机 2 台	同新建
4. 运煤	运煤胶带机 B=1400mm，V=2.5m/s，Q=1500t/h，双路设置；胶带机总长 L=2492m	同新建
	原煤仓配煤方式采用犁煤器方案	
5. 碎、筛煤	环式碎煤机 Q=1000t/h，2 台；滚轴筛 Q=1500t/h，2 台	同新建
6. 主要辅助建筑	输煤综合楼按 6540m^3，推煤机库按 2316m^3	
7. 点火油罐	500m^3 钢油罐，2 个	
8. 含油污水处理	简易装置 1 套	
9. 栈桥	进主厂房栈桥高位段采用钢桁架钢柱，低位段采用钢结构；其他采用钢筋砼结构	同新建
10. 转运站	钢筋混凝土结构	同新建

续表

系统项目	2×1000MW+2×1000MW	
名称	新建	扩建
11. 斗轮机基础	钢筋混凝土基础	同新建
12. 翻车机室	钢筋混凝土结构,1 座翻车机室	同新建
三、除灰系统		
1. 厂内除灰渣(石子煤)方式	灰渣分除，干灰集中至灰库，范围为除尘器灰斗法兰至灰库卸料设备出口，输送距离 850m，单台炉除灰系统出力 115t/h，三室五电场电除尘器 60 个灰斗，省煤器 8 个灰斗；风冷式排渣机+二级输送系统输送至渣仓，风冷式排渣机（含渣井、关断门）宽度 1400mm，连续出力 15t/h，最大出力 30t/h，二级输送设备 40t/h；电瓶叉车运输石子煤，分界点为中速磨石子煤斗出口	同新建
2. 厂外汽车运灰渣	运灰公路 5km，厂矿三级标准，汽 20 级路面，宽 7m，占地 75 亩	
3. 灰场机械	洒水车 2 辆，10t 压路机 3 辆，T140 推土机 3 辆	同新建
4. 灰库	3 座钢筋混凝土筒仓，无保温	同新建
5. 除灰综合楼	钢筋混凝土框架结构	同新建

续表

系统项目	2×1000MW+2×1000MW	
名称	新建	扩建
6. 气化风机房	钢筋混凝土框架结构	同新建
四、水处理系统		
1. 锅炉补给水处理	2×70t/h 超滤、反渗透加 2×（100～140t/h）一级除盐加混床系统	扩建一套超滤、反渗透
2. 化验室	气：SF_6分析；水、煤（含入厂煤、入炉煤）、油（含透平油、绝缘油、抗燃油）分析	
3. 水汽集中取样分析	含高温高压取样冷却装置及在线分析仪表	同新建
4. 凝结水精处理	2×50%前置过滤器、4×33%混床、混床出口不设钠表，两机一套再生装置	同新建
5. 循环水稳定系统	循环水加酸加阻垢剂处理	
6. 循环水杀生系统	电解食盐制酸 2×20kg/h	同新建
7. 给水加药处理系统	加氨加氧联合处理	同新建

续表

系统项目	2×1000MW+2×1000MW	
名称	新建	扩建
8. 工业废水集中处理	废水池总容积～8000m^3，100t/h澄清器 1 台，10t/h 脱水机设 1 台，相对集中处理，正常工况下回收利用，不外排；包括酸碱再生废水、酸洗废水、空预器冲洗水等；不含含煤废水处理、含油污水处理	
9. 氢气系统	1×10Nm^3/h 电解制氢加干燥储存装置	
10. 厂区管道	防腐管道采用钢衬塑管道及不锈钢管	同新建
11. 锅炉补给水处理车间	钢筋混凝土框（排）架结构	同新建
12. 化验楼	钢筋混凝土框架结构	
13. 循环水加药间	钢筋混凝土框（排）架结构	
14. 制氢站	钢筋混凝土结构	
15. 废水综合楼	钢筋混凝土结构	

续表

系统项目	2×1000MW＋2×1000MW	
名称	新建	扩建
五、供水系统		
1. 供水方式	采用扩大单元制二次循环供水系统	同新建
2. 冷却塔	每台机配逆流式自然通风冷却塔 1 座，冷却塔淋水面积为 $12000m^2$，考虑防冻措施	同新建
3. 循环水系统	2 台机组合建 1 座循环水泵房，泵房内安装 6 台循环水泵（立式斜流泵），进水间和泵房全封闭，下部结构 29.2m×43m×10.5m（净尺寸长×宽×深），地上结构 57m×18.98m×18.5m（长×宽×高）；循环水压力水管采用焊接钢管 2× DN3700，总长 L=1510m	同新建
4. 补给水系统	补给水为地表水，补给水泵房一座，水泵房设 3 台取水泵，土建按 5 台泵一次建成，下部结构 28.5m×27m×20m（净尺寸长×宽×深），地上结构 28.5m×27m×10m（长×宽×高）	增设 2 台水泵
5. 补给水管线	2×DN1000，焊接钢管，单线长度 L=15km	

续表

系统项目	2×1000MW＋2×1000MW	
名称	新建	扩建
6. 净化站	地表水净化站在厂内布置，处理容量 4×1400m³/h，采用二级处理工艺：斜管/板混凝沉淀＋过滤（部分）	同新建
六、电气系统		
1. 出线回路	2 回	2 回
2. 配电装置	500kV 屋外敞开式，3/2 接线，2 回进线，2 回出线，高压备变通过 1 台 500kV 断路器直接接至其中 1 条母线，共 7 台断路器	同新建
3. 主变压器	每台机设 3 台国产单相变压器，容量 380MVA/台	2 台机组再设 6 台单相变，另设一台备用相
4. 高压厂用电源	高压厂用电压采用 10kV，每台机组设 1 台 84/49-49MVA 分裂绕组高压厂用变压器，每台机组设 2 段高压厂用母线	同新建

续表

系统项目	2×1000MW＋2×1000MW	
名称	新建	扩建
5. 高压厂用断路器	主厂房进线采用真空断路器，馈线采用真空断路器和F-C柜结合方案，额定开断电流采用50kA；1250kVA及以下低压厂用变回路和1000kW及以下电动机回路采用F-C设备	同新建
6. 起动/备用电源	500kV配电装置一级降压引接1台有载调压分裂绕组变压器，容量84/49-49MVA	同新建
7. 事故保安电源	每台机组设置1台1800kW柴油发电机组（含供脱硫系统保安负荷300kW左右）	同新建
8. 交流不停电电源	每台机组设置2台100kVA UPS装置	同新建
9. 网络控制系统	500kV配电装置，3/2接线，网络控制配置微机监控系统1套，就地设继电器小室，数据采集装置按串配，双上位机（操作员站）	增加本期数据采集单元

续表

系统项目	2×1000MW+2×1000MW	
名称	新建	扩建
10. 直流系统	每台机组设控制 2 组 110V 1000Ah 蓄电池、配高频开关电源型充电装置 2 套（模块 n+2 冗余配置），动力 1 组 220V 2500Ah 蓄电池、配高频开关电源型充电装置 1 套（模块 n+2 冗余配置），直流屏、绝缘检查装置、电池检测装置，网络继电器室设置 2 组 220V 400Ah 蓄电池及配套高频开关电源型充电装置 3 套	同新建
11. 输煤控制系统	程控系统按 4×1000MW 规划容量考虑程控装置：2 套上位机（操作员站），PLC 控制，I/O 点数 1600 点左右，2～3 个远程站。包括网络通信电缆。输煤工业电视系统：4 个显示器，20 个摄像头（2 个彩色变焦，18 个黑白），矩阵切换器等	根据工程实际情况，考虑适当增加 I/O 点及摄像头数量
12. 全厂高压开关柜（含 F-C）	198 面，其中主厂房 160 面，输煤系统 38 面；共计真空柜 97 面，F-C 柜 95 面，其他进线 PT 柜和母线 PT 及避雷器柜 6 面	150 面
13. 发变组保护	采用双重化保护装置，保护屏 16 面（含起动/备用变保护屏 4 面）	同新建
14. 升压站	500kV 屋外敞开式	同新建

续表

系统项目	2×1000MW+2×1000MW	
名称	新建	扩建
15. A外构筑物	构架为钢结构，设备基础为钢筋混凝土基础	同新建
七、系统二次		
1. 继电保护	500kV线路保护4套、母线保护4套、断路器保护7套、线路故障录波器1面、保护及故障录波信息管理子站1套、行波测距装置1套及安全稳定控制装置2套	增加线路保护4套，增加断路器保护6套，已有系统按扩容考虑
2. 调度自动化	远动与网控统一考虑，配置AGC/AVC测控柜1套；500kV出线侧、启备变高压侧配置主/校、0.2s级关口表；机组出口侧配置单、0.5s级考核表；电能表处理器1套，计费小主站1套；调度数据网接入设备、二次系统安全防护设备各1套；功角测量装置、电厂竞价辅助决策系统、发电负荷考核系统各1套	同新建，已有系统按扩容考虑
3. 通信	配置2套SDH 622Mb/s光端机、96门调度程控交换机1台、−48V高频开关电源2套、500AH蓄电池2组、至调度端PCM2对；通信机房动力环境监视纳入电厂网控系统统一考虑；载波通道2路（根据工程实际需要配置）	同新建，已有系统按扩容考虑

续表

系统项目	2×1000MW+2×1000MW	
名称	新建	扩建
八、热工控制系统		
1. 分散控制系统（DCS）	包括DAS、MCS、SCS、FSSS等4个功能子系统（包括电气进DCS，不包括大屏幕），每台机组I/O点按13000点计算，2套	包括DAS、MCS、SCS、FSSS等4个功能子系统（包括电气进DCS，不包括大屏幕），每台机组I/O点按12000点计算，2套
2. 汽轮机控制系统（DEH）	高压抗燃油伺服系统，纯电液数字调节方式，2套	同新建
3. 汽轮机危急遮断系统（ETS）	采用汽机厂专用的控制装置实现保护功能，2套	同新建
4. 汽轮机安全监测仪表（TSI）	含汽机转速、汽轮发电机轴承振动、轴向位移、差胀、缸胀、偏心、键相等功能，2套	同新建
5. 汽轮机振动分析和故障诊断系统（TDM）	含工控机、分析软件、专家诊断软件等,2机组合配1套人机界面	同新建

续表

系统项目	2×1000MW+2×1000MW	
名称	新建	扩建
6. 吹灰程控及烟温探针系统	吹灰和烟温探针的控制纳入机组DCS，2套	同新建
7. 除灰、除渣仪表与控制系统	包括DCS及就地压力、温度、流量、物位仪表和电磁阀箱、配电箱等，1套	同新建
8. 化学补给水仪表与控制系统	包括DCS及就地压力、温度、流量、分析仪表和电磁阀箱等，1套	按工艺扩容情况增加相应仪表控制设备
9. 凝结水精处理仪表与控制系统	包括DCS及就地压力、温度、流量、分析仪表和电磁阀箱等，1套	同新建
10. 燃油泵房仪表与控制系统	包括DCS及压力、流量、液位、温度等仪表和配电箱等，1套	
11. 启动锅炉房仪表与控制系统	采用DCS，包括压力、流量、温度等仪表、执行机构及控制系统，1套	
12. 废水处理仪表与控制系统	包括DCS及就地压力、温度、流量、分析仪表和电磁阀箱等，1套	按工艺扩容情况增加相应仪表控制设备

续表

系统项目	2×1000MW+2×1000MW	
名称	新建	扩建
13. 空调仪表与控制系统	包括DCS及就地压力、温度、流量等仪表和执行机构，1套	同新建
14. 视频监视系统	数字式系统，系统包括：云台、传输光（线）缆、视频服务器、交换机和监视器等。监测点（摄像头）按500点，1套	根据监测范围调整监测点数
15. 门禁管理系统	对厂区内需要控制人员出入的封闭区域进行实时监控、出入记录、闯入报警和权限管理等功能，系统由电子门锁、控制器、读卡器、管理主机等组成	在电厂已有系统基础上完善相关内容
16. 火灾自动报警系统	包括上位机、感温、感烟传感器进口、预制电缆	同新建
17. 厂级自动化系统	厂级监控信息系统和管理信息系统	当电厂尚无此系统时按新建处理
18. 智能电厂	包括： 全厂无线网络，完成全厂无线网络覆盖，采用WIFI方案； 全厂数据平台，建设全厂统一的数据平台； 数字化移交，完成设计期和建设期的数据移交；	在电厂已有系统基础上完善相关内容

续表

系统项目	2×1000MW+2×1000MW	
名称	新建	扩建
18. 智能电厂	智能工地模块，基建期智能化，完成基建期安全管理和工程管理； 优化控制模块，采用闭环优化控制软件或优化控制系统； 智能监盘模块，减少运行人员监盘工作量； 智能两票模块，实现电子化两票系统； 智能巡检模块，实现现场少人巡检和巡检数据的实时上传； 智能诊断模块，实现部分设备的故障诊断和寿命预测； 智能安防模块，实现视频、门禁等系统的联合管理和联动监控； 智能决策模块，实现部分管理与经营工作的辅助决策支持； 移动 APP，通过移动终端进行管理工作； 信息安全，按照等保要求，完成工控系统与信息系统的安全防护	在电厂已有系统基础上完善相关内容
九、附属生产工程		
1. 启动锅炉	燃油快装炉，50t/h，1.3MPa 2 台	

续表

系统项目	2×1000MW＋2×1000MW	
名称	新建	扩建
2. 启动锅炉房	钢筋混凝土框（排）架	
3. 材料库	钢筋混凝土结构，2100 m^2	
4. 综合检修间	钢筋混凝土结构，1260m^2	
5. 辅助及附属建筑物	办公楼 3045m^2，食堂 630m^2，招待所 840m^2，夜班宿舍 945m^2，检修公寓 1260m^2	
6. 厂区及施工区土石方	100 万 m^3	50 万 m^3
十、交通运输工程		
1. 铁路	国铁Ⅲ级标准，厂外 12km（含接轨站改造），厂内 5.5km	厂内加 3.3km
2. 公路	进厂道路 2km，厂矿三级道路标准，汽 20 级路面，宽 7m，路基宽 8.5m	
十一、地基处理	采用ϕ800 钻孔灌注桩，桩长 35m，主厂房区桩数约 4000 根	同新建

续表

系统项目	2×1000MW＋2×1000MW	
名称	新建	扩建
十二、灰场	山谷干灰场，占地 39hm^2，满足堆灰约3年。坝体工程量约2.58万m^3，初期考虑排水及防渗，设灰场管理站	按事故备用灰场考虑，占地35.1hm^2，满足堆灰约1年。坝体工程量约2.32万m^3，考虑排水及防渗
十三、脱硫装置系统		
1. 工艺描述	石灰石－石膏湿法烟气脱硫工艺（1炉1塔），含硫量1.3%，脱硫效率98.9%，不含GGH，10台循环泵，4台氧化风机；烟气系统接口范围：从引风机出口接出经脱硫装置脱硫后接至烟囱入口；工艺水系统接口范围：从电厂循环水和电厂工业水接至脱硫岛外1m；压缩空气系统：从电厂压缩空气系统接至脱硫岛外1m	同新建
2. 石灰石制备系统	粒径不大于20mm的石灰石块进厂，脱硫岛内设湿磨制浆车间，2台100%出力的湿式球磨机；范围：从自卸料口将石灰石块卸至地下料斗开始，至石灰石浆液泵出口为止	同新建

续表

系统项目	2×1000MW+2×1000MW	
名称	新建	扩建
3. 石膏脱水系统	一级浆液旋流器和二级皮带脱水机石膏脱水系统,2套石膏浆液旋流器,2台100%出力的真空皮带脱水机，脱水后石膏贮存于石膏储存间；范围：从吸收塔浆液排出泵出口开始至副产品石膏堆放于石膏库房内为止	同新建
4. 电气系统	脱硫负荷由高压厂用工作母线引接，每台炉设低压脱硫变2台，互为备用，交流事故保安负荷由机组保安电源统一供给,单独设1套交流不停电电源（UPS）	同新建
5. 热控系统	主控制系统采用2套FGD-DCS；脱硫闭路电视监视系统1套；火灾探测与报警系统1套；每台机组烟气连续监测装置（烟气进、出口）2套；脱硫pH计、物位仪、电磁流量仪、浆液分析仪、电动/气动执行机构、变送器、测量元件等就地仪表2套	同新建
6. 电气控制综合楼	钢筋混凝土框架	同新建
7. 烟道支架	钢结构	同新建

续表

系统项目	2×1000MW+2×1000MW	
名称	新建	扩建
十四、脱硝装置系统		
1. 尿素储存及热解制氨气系统	尿素法：袋装尿素采用人工卸车并储存在尿素储仓内，散装颗粒尿素利用槽车上的车载风机卸入尿素储仓；固体尿素经溶解后储存在尿素溶液储存罐内，尿素溶液经热解器反应后生成氨气。	同新建
2. SCR反应系统	烟气在锅炉省煤器出口处被平均分为两路，每路烟气并行进入一个垂直布置的SCR反应器，即每台锅炉配有二个反应器，烟气经过均流器后进入催化剂层，然后烟气进入空预器、电除尘器、引风机和脱硫装置后，排入烟囱；烟气在进入催化剂前设有氨注入的系统，烟气与氨气充分混合后进入催化剂反应，脱去NO_x；SCR反应器入口 NO_x 浓度按 250mg/Nm^3设计，脱硝效率≥80%	
	催化剂层数2+1，初装2层，催化剂采用蜂窝式	
	脱硝系统不设置烟气旁路和省煤器高温旁路系统	

续表

系统项目	2×1000MW+2×1000MW	
名称	新建	扩建
2. SCR反应系统	脱硝装置支撑在炉后除尘器前的支架上，由锅炉厂设计、供货，脱硝装置平台、扶梯与锅炉平台连接	
3. 土建	包括：脱硝反应器构架基础、构筑物、配电间、室外给、排水及消防系统及综合管架	

（十）2×1000MW机组调整模块表

序号	模块名称	技术条件	造价合计（万元）
一、热力系统			
一	1. 炉型		
	热机范围	包括锅炉本体、高压汽水管道和相关的保温	
	A. 一次再热Π型炉	其中：建筑工程费1903万元，设备购置费103515万元，安装工程费43027万元，价差308万元	148753
		超超临界烟煤炉，一次中间再热，3080t/h，2台	

续表

序号	模块名称	技术条件	造价合计（万元）
一	A. 一次再热Π型炉	主汽管道（P92）、再热热段（P92）、再热冷段（A672B70CL32）、主给水管道（15NiCuMoNb5-6-4），高压汽水管道2924t	
		炉基础为独立基础	
	B. 一次再热塔式炉	其中：建筑工程费1523万元，设备购置费104520万元，安装工程费47007万元，价差559万元	153609
		超超临界烟煤炉，一次中间再热，3097t/h，2台	
		主汽管道（P92）、再热热段（P92）、再热冷段（A672B70CL32）、主给水管道（15NiCuMoNb5-6-4），高压汽水管道3313t	
		炉基础为独立基础	
	C. 二次再热塔式炉	其中：建筑工程费1675万元，设备购置费124620万元，安装工程费58955万元，价差1002万元	186252
		超超临界烟煤炉，2702t/h，2台	

续表

序号	模块名称	技术条件	造价合计（万元）
一	C. 二次再热塔式炉	主汽管道（P92）；一次再热热段（P92）；二次再热热段（P92）；一次再热冷段（A691 1-1/4Cr CL22）；二次再热冷段（A691 1-1/4Cr CL22）；主给水管道（15NiCuMoNb5-6-4）；高压汽水管道 4920t	
		炉基础为独立基础	
	2. 机型		
	热机范围	热力汽水系统，包括汽轮发电机组、热力系统汽水管道、热力系统保温等，不含锅炉本体、高压汽水管道	
	A. 一次再热纯凝机组	其中：建筑工程费 26036 万元，设备购置费 50266 万元，安装工程费 12353 万元，价差 1874 万元	90529
		汽机纵向，机头朝向固定端，主厂房钢筋混凝土结构，锅炉半露天；汽机房跨度 34m，除氧间跨度 9.5m，煤仓间跨度 13.5m（柱中心），柱距 10m，厂房长 183.3m，汽机运转层标高 16.5m，炉前通道 8m；主厂房体积 655851m^3，其中汽机房体积	

续表

序号	模块名称	技术条件	造价合计（万元）
一	A. 一次再热纯凝机组	232178m³、除氧间体积 81526m³、煤仓间体积 111864m³、集控楼体积 35745m³、炉前封闭体积 18762m³、锅炉运转层以下封闭体积 175776m³	
		超超临界汽轮机，一次中间再热，1000MW，28/600/620，单轴，四缸四排汽，九级抽汽，2台	
		高压加热器，三级，卧式，双列，2 套	
		低压加热器，五级，卧式，2 套	
		高压和低压两级串联汽轮机旁路系统，35%BMCR，2 套	
		中低压管道 2956t	
	B. 二次再热纯凝机组	其中：建筑工程费 24822 万元，设备购置费 62531 万元，安装工程费 15881 万元，价差 1980 万元	105214

续表

序号	模块名称	技术条件	造价合计（万元）
一	B. 二次再热纯凝机组	汽机纵向，机头朝向固定端，主厂房钢筋混凝土结构，锅炉露天；汽机房跨度34m，除氧间跨度10.5m，煤仓间跨度13.5m（柱中心线间距），柱距10 m，厂房长212.4m，汽机运转层标高17m，轨顶标高30.7m；主厂房体积571767m^3，其中汽机房体积296105m^3，除氧间体积92232m^3，煤仓间体积183430m^3，集控楼体积41709m^3；炉前体积11448m^3（未封闭）、锅炉运转层以下体积92006m^3（未封闭）	
		超超临界汽轮机，二次中间再热，1000MW，31/600/620/620，单轴，五缸四排汽，十级抽汽，2台	
		高压加热器，四级，卧式，双列，2套	
		低压加热器，五级全容量，卧式，2套	
		高、中、低压三级串联汽轮机旁路系统，65%BMCR，2套	
		中低压管道4280t	

续表

序号	模块名称	技术条件	造价合计（万元）
一	3. 主厂房结构		
	A. 钢筋混凝土结构	其中：建筑工程费7885万元，设备购置费0万元，安装工程费0万元，价差402万元	8287
	B. 钢结构	其中：建筑工程费17852万元，设备购置费0万元，安装工程费0万元，价差–107万元	17745
	4. 主厂房布置		
	A. 前煤仓	其中：建筑工程费29142万元，设备购置费336万元，安装工程费37535万元，价差3157万元	70170
		包括高压汽水管道和相关保温	
		包括煤仓层皮带	
		包括主厂房内电力电缆、控制电缆及热控电缆	
		汽机纵向，机头朝向固定端，主厂房钢筋混凝土结构，锅炉半露天；汽机房跨度34m，除氧间跨度9.5m，煤仓间跨度13.5m（柱中心），柱距10m，厂房长183.3m，汽机运转层标高16.5m，	

续表

序号	模块名称	技术条件	造价合计（万元）
	A. 前煤仓	炉前通道 8m；主厂房体积 655851m^3，其中汽机房体积 232178m^3、除氧间体积 81526m^3、煤仓间体积 111864m^3、集控楼体积 35745m^3	
		主汽管道（P92）；再热热段（P92）；再热冷段（A672B70CL32）；主给水管道（15NiCuMoNb5-6-4）；高压汽水管道量 2924t	
		煤仓层皮带 B=1400mm，双路布置，196m	
一	B. 侧煤仓	其中：建筑工程费 25669 元，设备购置费 165 万元，安装工程费 39407 万元，价差 3188 万元	68429
		包括汽水管道和相关保温	
		包括煤仓层皮带	
		包括主厂房内电力电缆、控制电缆及热控电缆	
		汽机纵向，机头朝向固定端，主厂房钢筋混凝土结构，按汽机房、除氧间、锅炉房顺序排列，煤仓间布置于两炉之间的炉侧。汽机房跨度 32m，除氧间跨度	

续表

序号	模块名称	技术条件	造价合计（万元）
一	B. 侧煤仓	10m，柱距 10m，（柱中心线间距），厂房长 207.5m，汽机运转层标高 17m。煤仓间宽 23.5m，纵向总长 69m，主厂房体积 $414211m^3$，其中汽机房体积 $242360m^3$，除氧间体积 $84038m^3$，煤仓间体积 $87813m^3$	
		主汽管道（P92）；再热热段（P92）；再热冷段（A672B70CL32）；主给水管道（15NiCuMoNb5-6-4）；高压汽水管道量 3154t	
		煤仓层皮带 B=1400mm，L=62.725/67.41/62.725m	
	5. 烟囱		
	A. 钢筋混凝土外筒钛钢复合板双钢内筒烟囱	其中：建筑工程费 6279 万元，设备购置费 0 万元，安装工程费 0 万元，价差 298 万元	6577
		240m/2ϕ8.5m	
		钢筋混凝土基础 $5086m^3$，钢筋混凝土外筒 $8614m^3$，钛钢复合板钢内筒 1250t，双钢内筒烟囱	
		对应于脱硫系统不设置 GGH 装置机组	

续表

序号	模块名称	技术条件	造价合计（万元）
一	B. 钢筋混凝土外筒、玻璃钢双内筒套筒式结构烟囱	其中：建筑工程费7553万元，设备购置费0万元，安装工程费0万元，价差309万元	7862
		240m/2ϕ8.5m	
		钢筋混凝土基础5086m^3，钢筋混凝土外筒8614m^3，20mm厚玻璃钢内筒12850m^2	
		对应于脱硫系统不设置GGH装置机组	
	C. 钢筋混凝土外筒、Q235钢板双内筒套筒式烟囱，内筒内粘贴硼硅泡沫玻璃砖	其中：建筑工程费6300万元，设备购置费0万元，安装工程费0万元，价差303万元	6603
		240m/2ϕ8.5m	
		钢筋混凝土基础5086m^3，钢筋混凝土外筒8614m^3，Q235钢内筒1403t，内筒粘贴硼硅泡沫玻璃砖11000m^2	
		对应于脱硫系统不设置GGH装置机组	

续表

序号	模块名称	技术条件	造价合计（万元）
一	D. 钢筋混凝土外筒、耐硫酸露点腐蚀钢板双内筒套筒式结构烟囱	其中：建筑工程费6462万元，设备购置费0万元，安装工程费0万元，价差303万元	6765
		240m/2ϕ8.5m	
		钢筋混凝土基础5086m^3，钢筋混凝土外筒8614m^3，耐硫酸露点钢内筒1403t，双钢内筒烟囱	
		对应于脱硫系统设置GGH装置机组	
二、燃料供应系统			
二	厂内输煤	各模块的设计范围从卸煤点受卸设施起至主厂房原煤仓（不含原煤仓，含原煤仓料位信号）配煤点止，包括全部的工艺设备（含暖通、水工）、建（构）筑物（煤仓间和煤仓间端部转运站除外）和辅助生产设施。电控设备、煤泥沉淀池、煤水净化系统、输煤综合楼、推煤机库进入基本技术方案，不进入模块	
	A. 全部铁路敞车运煤进厂	其中：建筑工程费16665万元，设备购置费9705万元，安装工程费1067万元，价差0万元	27437

续表

序号	模块名称	技术条件	造价合计（万元）
二	A. 全部铁路敞车运煤进厂	不含铁路配线（由主体设计院总图专业考虑）	
		单车翻车机及调车系统 2 套	
		2 重 2 空 1 走行	
		活化给煤机 Q=800t/h，4 台	
		动态轨道衡 1 台，火车取样机 2 台	
		煤场容量 2×1000MW 机组 20 天耗煤量	
		斗轮堆取料机 1500/1500t/h，臂长 45m，折返式，2 台	
		推煤机 3 台，装载机 2 台	
		运煤胶带机 B=1400mm，V=2.5m/s，Q=1500t/h，双路；胶带机总长 L=2492m	
		滚轴筛 Q=1500t/h，2 台	
		环式碎煤机 Q=1000t/h，2 台	

续表

序号	模块名称	技术条件	造价合计（万元）
		其中：建筑工程费 8514 万元，设备购置费 18310 万元，安装工程费 1698 万元，价差 0 万元	28522
二	B. 全部海运来煤，5 万吨级泊位码头（斗轮机煤场）	与 A 模块的差别在于卸煤设施、斗轮机形式、卸煤系统的出力	
		桥式抓斗卸船机 Q=1500t/h 2 台	
		清仓机 5 台	
		胶带机中部取样机 B=1800mm，1 台	
		煤场容量 2×1000MW 机组 20 天耗煤量	
		斗轮堆取料机 3600/1500t/h，臂长 40m，通过式，2 台	
		推煤机 3 台，装载机 2 台	
		卸煤胶带机 B=1800mm，V=3.5m/s，Q=3600t/h，双路设置，本期安装 1 路，码头和引桥胶带机露天布置；胶带机单路总长 L=1810m（此长度包括码头及引桥胶带机）	

续表

序号	模块名称	技术条件	造价合计（万元）
二	B. 全部海运来煤，5万吨级泊位码头（斗轮机煤场）	上煤胶带机 B=1400mm，V=2.5m/s，Q=1500t/h，双路设置；胶带机单路总长 L=1296m	
		原煤仓配煤方式采用犁煤器方案	
		滚轴筛 Q=1500t/h，2 台；	
		环式碎煤机 Q=1000t/h，2 台	
	C. 全部海运来煤，5万吨级泊位码头（圆形煤场）	其中：建筑工程费 19423 万元，设备购置费 18441 万元，安装工程费 1821 万元，价差 0 万元	39686
		与 A 模块的差别在于煤场结构形式、堆取料机形式、卸煤系统的出力	
		桥式抓斗卸船机 Q=1500t/h 2 台	
		清仓机 5 台	
		胶带机中部取样机 B=1800mm，1 台	
		封闭式圆形煤场 2 座，直径 120m，挡墙高度 12.5m，单仓储量 15 万吨，煤场容量 2×1000MW 机组 20 天耗煤量	

续表

序号	模块名称	技术条件	造价合计（万元）
二	C. 全部海运来煤，5万吨级泊位码头（圆形煤场）	堆取料机，堆料 3600t/h，臂长 35.8m；取料 1500t/h，门式，2台	
		活化给煤机 Q=1500t/h 4台	
		推煤机3台，装载机2台	
		卸煤胶带机 B=1800mm，V=3.5m/s，Q=3600t/h，单路，码头和引桥胶带机露天布置；胶带机总长 L=1810m（此长度包括码头及引桥胶带机）	
		上煤胶带机 B=1400mm，V=2.5m/s，Q=1500t/h，双路，胶带机总长 L=1866m	
		滚轴筛 Q=1500t/h，2台	
		环式碎煤机 Q=1000t/h，2台	
三、除灰系统			
三	厂内除渣		
	A. 风冷式排渣机加二级输送系统，电瓶叉车运输石子煤	其中：建筑工程费 0 万元，设备购置费 1569 万元，安装工程费 221 万元，价差 0 万元	1790
		风冷式排渣机＋二级输送系统（含控制系统）	

续表

序号	模块名称	技术条件	造价合计（万元）
三	A. 风冷式排渣机加二级输送系统，电瓶叉车运输石子煤	风冷式排渣机（含渣井、关断门），宽度1400mm，连续出力15t/h，最大出力30t/h，排渣温度150温以下，2台	1961
		碎渣机40t/h，2台	
		二级输送设备40t/h，2台	
		渣仓（露天）$400m^3$，2台	
		装车机100t/h，4台	
		电瓶叉车2.5t，3台	
	B. 机械除渣直接至渣仓，电瓶叉车运输石子煤	其中：建筑工程费 0 万元，设备购置费1645万元，安装工程费316万元，价差0万元	
		刮板捞渣机直接至渣仓的除渣系统（含控制系统）	
		刮板捞渣机，长度～53m，出力10～80t/h，2台	
		渣仓（露天）$80m^3$，2台	
		高效浓缩机ϕ10m，2台	
		贮水池 ϕ10m，2台	
		溢流水泵$270m^3/h$，4台	
		回水泵$264m^3/h$，4台	
		电瓶叉车2.5t，3台	

续表

序号	模块名称	技术条件	造价合计（万元）
四、水处理系统			
四	1. 锅炉补给水处理系统		
	A. 一级反渗透系统	其中：建筑工程费 0 万元，设备购置费 1295 万元，安装工程费 1301 万元，价差 0 万元	2596
		2×70t/h 反渗透加 2×（100～140t/h）一级除盐加混床系统，含酸碱系统、中和池及除盐水箱等	
	B. 二级反渗透系统	其中：建筑工程费 0 万元，设备购置费 1438 万元，安装工程费 1285 万元，价差 0 万元	2723
		2×90t/h 两级反渗透加混床，含酸碱系统、中和池及除盐水箱等	
	C. 无反渗透系统	其中：建筑工程费 0 万元，设备购置费 881 万元，安装工程费 892 万元，价差 0 万元	1773
		过滤加一级除盐加混床系统，净出力为 100～140t/h，含酸碱系统，废水泵及除盐水箱等	

续表

序号	模块名称	技术条件	造价合计（万元）
四	2. 循环水稳定处理系统		
	A. 加药处理	其中：建筑工程费 0 万元，设备购置费 76 万元，安装工程费 18 万元，价差 0 万元	94
		加酸、加阻垢剂处理	
	B. 无		0
	3. 循环冷却水加氯系统		
	A. 电解食盐制氯	其中：建筑工程费 0 万元，设备购置费 179 万元，安装工程费 13 万元，价差 0 万元	192
		设备容量为 2×20kg/h，含电气控制	
	B. 电解海水制氯	其中：建筑工程费 0 万元，设备购置费 655 万元，安装工程费 1 万元，价差 0 万元	656
		电解海水制氯，设备容量为 2×130kg/h（可连续及冲击加氯），设计界限：电解制氯间墙中心线外 1 米处，含工艺设备及管道、阀门，制氯间内的电气及控制设备等	

续表

序号	模块名称	技术条件	造价合计（万元）
四	C. 化学法制二氧化氯	其中：建筑工程费 0 万元，设备购置费 70 万元，安装工程费 17 万元，价差 0 万元	87
		2×20kg/h	
	D. 外购次氯酸钠	其中：建筑工程费 0 万元，设备购置费 81 万元，安装工程费 39 万元，价差 0 万元	120
	4. 再生水（中水）深度处理系统		
	A. 无再生水(中水）处理		0
	B. 石灰凝聚、澄清、过滤处理（无除气装置，无曝气生物滤池）	其中:建筑工程费 2868 万元，设备购置费 5841 万元，安装工程费 101 万元，价差 0 万元	8810
		处理水量：4000～4500t/h	
		设计界限：污水深度处理站界区中心线 1 米处，包括加消石灰、加凝聚剂、加氯、加硫酸 pH 调整系统，以及污泥浓缩池、脱水机，无除气装置及生物滤池，澄清池不封闭	
		处理后做循环水补充水及全厂工业用水、锅炉补给水水源	
		污水处理厂至电厂管道投资另计	

续表

序号	模块名称	技术条件	造价合计（万元）
五、供水系统			
五	A. 二次循环：取用地表水	其中：建筑工程费 33270 万元，设备购置费 3622 万元，安装工程费 20086 万元，价差 3981 万元	60959
		单元制，压力水管 2×DN3700，焊接钢管，管线总长 L=1510m	
		12000m² 逆流式自然通风冷却塔 2 座，考虑防冻措施	
		循环水泵 6 台（立式斜流泵）；循环水泵房 1 座，进水间和泵房全封闭，下部结构 29.2m×43m×10.5m（净尺寸，长×宽×深），地上结构 57m×18.98m×18.5m（长×宽×高）	
		补充水管 2×DN1000，焊接钢管，管道单线长度 L=15km	
		补给水泵 3 台，补给水泵房 1 座（土建按 5 台泵一次建成），下部结构 28.5m×27m×20m（净尺寸，长×宽×深），地上结构 28.5m×27m×10m（长×宽×高）	

续表

序号	模块名称	技术条件	造价合计（万元）
	A. 二次循环：取用地表水	地表水净化站在厂内布置，处理容量4×1400m³/h，采用二级处理工艺：斜管/板混凝沉淀+过滤（部分）	
		其中：建筑工程费27536万元，设备购置费7102万元，安装工程费8539万元，价差2156万元	45333
		取水头，2×7根垂直立管	
		引水隧道，2×DN4200×1000m，盾构施工	
五	B. 海水直流供水	循环水泵房1座，下部结构46.9m×38.4m×22.1m（净尺寸长×宽×深），地上结构19.7m×59.25m×23.1m（长×宽×高），沉井，循环水泵4台	
		单元制，压力水管2×DN3700×1200m，预应力混凝土管	
		虹吸井2座，23.4m×29.2m高11.2m	
		双孔钢筋混凝土排水沟，2×3.6m×3.6m×1000m	

续表

序号	模块名称	技术条件	造价合计（万元）
五	B. 海水直流供水	排水连接井 1 座，26.4m×15.4m 深 15m，沉井	
		钢筋混凝土排水隧道 2×DN4200×250m，盾构施工	
		排水口，2×7 根垂直立管	
		淡水取水泵房一座，水泵房设 3 台取水泵，土建按 4 台泵一次建成；补给水管 2×DN600×15km，地表水净化站在厂内布置，处理容量 3×400m³/h，采用二级处理工艺：斜管/板混凝沉淀＋过滤（部分）	
	C. 直接空冷	其中：建筑工程费 27986 万元，设备购置费 30559 万元，安装工程费 19462 万元，价差 3268 万元	81275
	主机直接空冷系统	机械通风直接空冷，每台机排汽主管管径为 2×ϕ7.6m，空冷凝汽器为单排管，每台机空冷凝汽器面积 2287058m²（1 台机组翅片总面积）	
		每机设变频调速低噪声风机 80 台，直径 9.144m，额定功率 110kW	

续表

序号	模块名称	技术条件	造价合计（万元）
五	主机直接空冷系统	2台机组空冷平台尺寸227.4m×92m，平台高度50m（钢筋混凝土空心管柱、钢结构平台）	
		扩大单元制，压力钢管2×DN900	
		辅机机冷却水配3×35%机力塔，尺寸3×15m×15m	
		辅机循环水泵3台，辅机循环水泵房，30m×9m（包括配电间）（地上8m，地下5.5m），进水前池长18.4m，宽7.6m，地下深5.5m	
		地表水，2×DN500×15km补给水管，升压泵房1座，补给水泵3台，土建按4台一次建成，15m×30m（地上高13m，地下深13.29m），仅是水泵间，不包括进水前池	
		地表水净化站在厂内布置，处理容量3×500m^3/h，处理工艺同A（若以再生水作为辅机冷却水系统的补充水源，地表水处理容量适当减少）	

续表

序号	模块名称	技术条件	造价合计（万元）
五	小机间冷系统	每台机组配 1 座自然通风小机间冷塔及 1 座循环水泵房	
		每座塔内冷却器总散热面积 333175m²（1 台机组翅片总面积），冷却三角数 70 个。翅片管排数 2 排，流程数 2	
		空冷塔支柱零米直径 94m；进风口高度 13.5 m；喉部高度 116.61 m；喉部直径 52m；出口高度 149.5m，出口直径 55m	
		每座循环水泵房尺寸 36m×9m（包括配电间），地上高 9.0m，地下深 4.1 米；每座泵房内设 3 台循环水泵	
		高压厂用电电压采用 10kV 一级时，每台机组设 2 台 50/31.5-31.5MVA 高压厂用工作分裂变压器和 2 台 50/31.5-31.5MVA 有载调压高压厂用起动/备用分裂变压器；每台机组设 400V 空冷 PC6 段，由 8 台 2500kVA 空冷低压变压器供电（6 台运行 2 台备用）。高压开关柜短路电流分断能力为 40kA。空冷风机采用变频调速。增加空冷系统 380V 低压电力电缆约 80km，控制电缆约 40km	

续表

序号	模块名称	技术条件	造价合计（万元）
五	D. 间接空冷	其中：建筑工程费 43907 万元，设备购置费 24671 万元，安装工程费 17619 万元，价差 5226 万元	91423
		表凝式	
		间接空冷冷却塔从结构形式上分为三部分，基础部分、进风口支撑部分、通风部分，均为现浇钢筋砼结构；空冷塔零米直径 171.3m，空冷散热器外缘直径 181.3m，采用双曲线混凝土结构空冷塔高 212.1m，进风口高度 31.5m；散热器面积 252 万 m^2	
		其中基础部分包括：环基、X 支柱支墩、冷却设备平台基础支撑墙、冷却设备平台基础；进风口支撑部分采用 X 支柱支撑；通风部分为双曲线型薄壳塔筒结构	
		每台空冷汽轮机配置一座空冷塔，被加热后的冷却水通过 3 台循环水泵经 DN3600 的循环水管送入空冷塔的散热器中，冷却后的水通过 DN3600 的循环水管返回凝汽器	

续表

序号	模块名称	技术条件	造价合计（万元）
五	D. 间接空冷	空冷散热器采用引进制造技术生产的椭圆翅片管，采用大直径6排管（ϕ25）铝管铝翅片空冷散热器，空冷塔设置10个冷却扇段，202个冷却三角，三角高度28m，分区10个。系统包括散热器、百叶窗、电动执行机构、塔内循环水管道、阀门、管件等	
		塔内设置两个高位膨胀水箱，设置地下贮水箱两个，与空冷散热器的放空管道连接	
		主机循环冷却水系统2台机组配6台立式循环水泵和1座循环水泵房。厂区内循环水管道0.92km	
		辅机循环供水系统采用扩大单元制，2台机组配3台辅机循环水泵、1座（分3格）逆流式机械通风冷却塔、2条循环水供水管道、3条循环水回水管道	
		厂内净化站同直冷模块	
		补给水系统同直冷模块	

续表

序号	模块名称	技术条件	造价合计（万元）
六、电气系统			
六	1. 发电机出口断路器		
	A. 发电机出口不装设断路器		0
	B. 发电机出口装设断路器	其中：建筑工程费 0 万元，设备购置费 2215 万元，安装工程费 1 万元，价差 0 万元	2216
		额定短路开断电流：对称开断分量 160kA	
	2. 高压厂用电源		
	A. 分裂无载调压变压器	其中：建筑工程费 0 万元，设备购置费 1309 万元，安装工程费 13 万元，价差 0 万元	1322
		高压厂用电压采用 10kV，每台机组设 1 台 84/49-49MVA 分裂无载调压高压厂用变压器	
	B. 分裂与双卷无载调压变压器	其中：建筑工程费 0 万元，设备购置费 1755 万元，安装工程费 26 万元，价差 0 万元	1781
		高压厂用电压采用 6kV（或 10kV），每台机组设 2 台无载调压高压厂用变压器，1 台 58/34-34MVA，1 台 34MVA	

续表

序号	模块名称	技术条件	造价合计（万元）
六	3. 起动/备用电源		
	A. 1台分裂起/备变压器	其中：建筑工程费 0 万元，设备购置费 1037 万元，安装工程费 21 万元，价差 0 万元	1058
		500kV 配电装置一级降压引接1台84/49-49MVA 分裂有载调压起动/备用变压器	
	B. 分裂变与双卷高压起备变压器	其中：建筑工程费 0 万元，设备购置费 1482 万元，安装工程费 45 万元，价差 0 万元	1527
		500kV 配电装置一级降压引接1组2台有载调压变作高压备用变，1台58/34-34MVA，1台34MVA	
	4. 升压站		
	A. 500kV屋外配电装置	其中：建筑工程费 977 万元，设备购置费 1688 万元，安装工程费 300 万元，价差 0 万元	2965
		3/2 接线，2回进线，2回出线，高压起/备变通过500kV断路器直接接至其中1条母线，共7个断路器	

续表

序号	模块名称	技术条件	造价合计（万元）
六	B. 500kV屋内GIS配电装置	其中：建筑工程费631万元，设备购置费3359万元，安装工程费119万元，价差0万元	4109
		3/2接线，2回进线，2回出线，2个完整串，高压起/备变通过500kV断路器直接接至其中1条母线，共7个断路器	
	C. 750kV屋外配电装置	其中：建筑工程费1149万元，设备购置费8535万元，安装工程费941万元，价差0万元	10625
		3/2接线，2回进线，2回出线，750kV SF_6柱式断路器6台，750kV高压电抗器3台，中性点小电抗器1台	
	D. 1000kV GIS配电装置	其中：建筑工程费2163万元，设备购置费24724万元，安装工程费7613万元，价差0万元	34500
		1回出线，与2回主变压器进线组成三角形接线	

续表

<table>
<tr><th>序号</th><th>模块名称</th><th>技术条件</th><th>造价合计（万元）</th></tr>
<tr><td colspan="4">七、热工控制系统</td></tr>
<tr><td rowspan="6">七</td><td colspan="3">1. 生产期 MIS</td></tr>
<tr><td rowspan="5">A. 微机服务器双机</td><td></td><td>750</td></tr>
<tr><td>主服务器具有中速响应、中速数据交换能力，保证信息系统不间断运行，采用微机双机热备＋磁盘阵列</td><td rowspan="4"></td></tr>
<tr><td>中心交换机支持三层交换、能实现不同层交换路径负载均衡、具有多个千兆光纤端口、支持冗余配置、满足 VLAN 划分要求等</td></tr>
<tr><td>系统软件满足微机服务器对操作系统以及数据库的要求，具有网络管理、数据备份、防病毒等功能，系统安全性高</td></tr>
<tr><td>应用软件满足电厂日常信息管理要求，具有生产管理、经营管理、设备管理、燃料管理、办公管理等功能，并具有信息集成功能</td></tr>
</table>

续表

序号	模块名称	技术条件	造价合计（万元）
七	B. ERP方案		500
		主服务器具有中速响应、中速数据交换能力，保证信息系统不间断运行，采用微机双机热备＋磁盘阵列	
		中心交换机支持三层交换、能实现不同层交换路径负载均衡、具有多个千兆光纤端口、支持冗余配置、满足 VLAN 划分要求等	
		系统软件满足微机服务器对操作系统以及数据库的要求，具有网络管理、数据备份、防病毒等功能，系统安全性高	
		主要管理功能由集团公司统一部署的 ERP 或 EAM 完成，电厂侧只配置 ERP 或 EAM 系统功能外的管理软件	
	2. 数字化燃料管理系统	范围：含制样化验系统编码机、扫码器，激光盘煤仪，视频监视、门禁管理系统，网络通信设备，数据接口设备，软件平台，不含汽车衡、轨道衡、取样机、化验设备	

续表

序号	模块名称	技术条件	造价合计（万元）
七	A. 未设置数字化燃料管理系统		0
	B. 圆形煤场（火车运煤进厂）	2重2空火车入厂调度系统，2个煤场，每个煤场激光盘煤仪3套	540
	C. 圆形煤场（海运来煤）	2个煤场，每个煤场激光盘煤仪3套	460
	D. 条形煤场（火车运煤进厂）	2重2空火车入厂调度系统，1个煤场，每个煤场轨道式激光激光盘煤仪1套	340
	E. 条形煤场（海运来煤）	1个煤场，每个煤场轨道式激光激光盘煤仪1套	260
八、附属生产工程			
八	1. 暖通及启动锅炉		
	A. 集中采暖区	其中：建筑工程费4561万元，设备购置费 916 万元，安装工程费971万元，价差0万元	6448
		有采暖系统，燃油，50t/h，1.27MPa，350/，2台	

续表

序号	模块名称	技术条件	造价合计（万元）
八	B. 非集中采暖区	其中:建筑工程费3406万元，设备购置费 483 万元，安装工程费505万元，价差0万元	4394
		无采暖系统，燃油，50t/h，1.27MPa，350℃，1台	
	2. 氢气供应系统		
	A. 电解制氢	其中：建筑工程费127万元，设备购置费 211 万元，安装工程费129万元，价差0万元	467
		1×10Nm^3/h 电解制氢加干燥储存装置	
	B. 外购氢气供氢	其中：建筑工程费106万元，设备购置费 104 万元，安装工程费31万元，价差0万元	241
		总贮存量 1300～1500Nm^3，设置集装氢瓶及实验室检测仪表	
九、交通运输工程			
九	A. 铁路运输（翻车机）	厂外铁路 12km，厂内铁路5.5km	14044

续表

序号	模块名称	技术条件	造价合计（万元）
九	B. 海运，3.5 万吨级（结构兼顾5万吨级）	码头平面，尺寸 $274\times32\text{m}^2$，码头预应力管桩 D=1200mm，L=40～50m，透水栈桥，尺寸 $1125\times18.5\text{m}^2$，引桥 600×600 预应力方桩（不含码头设备）	15302
十、脱硫装置系统			
十	1. 不同技术路线		
	A. 单塔双循环	造价范围说明：含设备、建筑、安装、其他费用、价差及基本预备费	26197
	B. 双塔双循环	造价范围说明：含设备、建筑、安装、其他费用、价差及基本预备费	27475
	2. 湿法脱硫主体		
	湿法脱硫主体（不含GGH）		20465
		燃煤收到基含硫量 1.3%	
		燃煤低位发热量 20000kJ/kg	
		脱硫效率 99%，吸收塔除尘效率 50%	
		喷淋吸收塔 2 座	
		事故浆液箱 1 座	

续表

序号	模块名称	技术条件	造价合计（万元）
十	湿法脱硫主体（不含GGH）	氧化风机4台	
		循环泵10台	
		脱硫负荷由高压厂用工作母线引接，每台炉设低压脱硫变2台，互为备用，交流事故保安负荷由机组保安电源统一供给，设1组110V300Ah直流蓄电池，单独设1套20kVA交流不停电电源（UPS）	
		主控制系统采用2套FGD-DCS；脱硫闭路电视监视系统1套；火灾探测与报警系统1套；每台机组烟气连续监测装置（烟气进、出口）2套；脱硫pH计、物位仪、电磁流量仪、浆液分析仪、电动/气动执行机构、变送器、测量元件等就地仪表2套	
		不含地基处理	
	3. 石灰石制备系统		
	A. 石灰石制浆（湿磨）		3122
		粒径不大于20mm的石灰石块进厂	

续表

序号	模块名称	技术条件	造价合计（万元）
十	A. 石灰石制浆（湿磨）	脱硫岛内设湿磨制浆车间，直接制备石灰石浆液	
		湿式球磨机 20t/h，2 台	
		混凝土石灰石块仓，一座，3 天储量	
	B. 石灰石制浆（干磨）		4023
		粒径不大于 30mm 的石灰石块进厂	
		脱硫岛内设中速磨机，20t/h，2 台	
		混凝土制石灰石粉仓，1 座，3 天储量	
		混凝土石灰石块仓，2 座，3 天储量	
		另设 2 台低压变，互为备用	
	C. 石灰石粉制浆		819
		成品石灰石粉进厂	
		混凝土石灰石粉仓，厂内石灰石粉仓，1 座，3 天容量	

续表

序号	模块名称	技术条件	造价合计（万元）
十	4. 石膏脱水系统		
	A. 皮带机脱水、石膏库房		1901
		真空皮带脱水机36t/h，2台	
		混凝土石膏库房，3天容量	
		单点落料，行车整理	
	B. 皮带机脱水、石膏仓储放		2475
		真空皮带脱水机36t/h，2台	
		混凝土石膏仓，2座，2天容量	
		石膏仓卸料装置，84t/h，2台	
	C. 无脱水，石膏浆液外送	石膏输送管线3km抛弃点高差起伏不大，不考虑抛弃泵后的抛弃输送管投资	738
	5. 脱硫废水处理系统		
	A. 不单独处理	送入电厂主体工程统一处理	696
	B. 单独处理回用	膜法	5551
	C. 单独处理排放	蒸发结晶	5913

续表

序号	模块名称	技术条件	造价合计（万元）
十一、脱硝系统			
十一	A. 尿素方案	造价范围说明：含设备、建筑、安装、其他费用、价差及基本预备费	11162
		催化剂的层数按初装 2 层设计	
		尿素贮存、溶解、热解和输送系统及设备	
		省煤器和 SCR 均不设烟气旁路	
	B. 液氨方案	造价范围说明：含设备、建筑、安装、其他费用、价差及基本预备费	10252
		催化剂的层数按初装 2 层设计	
		液氨的贮备系统及设备（含液氨卸载装置及贮罐）	
		省煤器和 SCR 均不设烟气旁路	

四、燃气–蒸汽联合循环机组工程参考造价指标

（一）编制说明

1. 机组配置

（1）9H 级：2 台燃气轮发电机组＋2 台余热锅炉＋2 台蒸汽轮发电机组（一拖一）＋2 台发电机组，单套机组 ISO 工况容量 649MW。

（2）9F 级：纯凝机组为 2 台燃气轮机组＋2 台余热锅炉＋2 台蒸汽轮机组（一拖一）＋2 台发电机组，供热机组为 2 台燃气轮机组＋2 台余热锅炉＋2 台蒸汽轮机组（一拖一）＋2 台发电机组。纯凝机组和供热机组对应的单套机组 ISO 工况容量分别为 475MW 和 498MW。

2. 主要编制依据

（1）9H 级和 9F 级主要设备价格参考近期同类设备合同价。

（2）建筑、安装工程主要材料价格采用北京地区 2022 年价格，其中安装材料的实际价格以电力建设工程装置性材料价格资料为基础，并结合 2022 年实际工程招标价格作了综合测算。人工工资、定额材料机械调整执行电力工程造价与定额管理总站《关于发布 2018 版电力建设工程概预算定额 2022 年度价格水平调整的通知》（定额〔2023〕1 号）。

（3）定额采用国家能源局 2019 年 11 月发布的《电力建

设工程概算定额》（2018 年版），部分项目采用《北京市建筑工程概算定额》。

（4）费用标准按照 2019 年 11 月国家能源局发布的《火力发电工程建设预算编制与计算规定》，其他政策文件依照惯例使用至 2022 年年底止。

（5）国产机组造价内已含少量必要的进口设备、材料费用，进口汇率按 1USD＝6.8854RMB，其相应的进口费用已计入设备材料费中，其中的关税按《中华人民共和国进出口关税条例》中的优惠税率计。

（6）抗震设防烈度按 7 度考虑。

3. 编制范围

本指标不包括的内容：

（1）厂外光纤通信工程；

（2）地方性收费；

（3）项目融资工程的融资费用；

（4）价差预备费；

（5）建设期贷款利息。

（二）燃气－蒸汽联合循环机组参考造价指标

机组容量			2022 年造价（元/kW）
2×600MW 等级燃气机组（9H 级供热）	一拖一	新建	2057
		扩建	1997
2×400MW 等级燃气机组（9F 级纯凝）	一拖一	新建	2021
		扩建	1961
2×400MW 等级燃气机组（9F 级供热）	一拖一	新建	2147
		扩建	2084

（三）各类费用占指标的比例

（单位：%）

机组容量	建筑工程费用	设备购置费用	安装工程费用	其他费用	合计
2×600MW 级燃气机组（9H 级供热）	16.45	60.26	8.57	14.72	100
2×400MW 级燃气机组（9F 级纯凝）	16.44	54.91	12.79	15.86	100
2×400MW 级燃气机组（9F 级供热）	19.13	52.64	12.43	15.80	100

（四）燃气–蒸汽联合循环机组设备参考价格

（单位：万元）

序号	设备名称	规格型号	单位	2022 年参考价
一、600MW 等级燃气机组（9H）				
1	燃气轮机	SGT5-8000H 型；燃机性能保证工况出力 425MW	台	32000
2	燃机发电机	425MW	台	6500
3	余热锅炉	三压、再热、无补燃、卧式、自然循环	台	13500
4	蒸汽轮机	三压、再热	台	11500
5	蒸汽轮发电机	224MW	台	3500

续表

序号	设备名称	规格型号	单位	2022年参考价
二、400MW等级燃气机组（9F）				
1	燃气轮机	M701F4型	台	19700
2	燃气轮机	GE-9F05型	台	19000
3	燃气轮机	SGT5-4000F	台	22500
4	燃气轮机	M701F5型	台	18250
5	余热锅炉	卧式三压再热自然循环，主汽蒸汽量256t/h	台	7800
6	蒸汽轮机	三压、一次再热、抽凝、双缸型，下排汽。高压蒸汽346.2t/h、11.03MPa（a）/565度	台	6200
7	蒸汽轮机	配M701F5机型	台	7400
8	发电机	THDF 108/53型，424MW水氢氢	台	5500
9	燃机发电机	额定功率300MW	台	4700
10	蒸汽轮发电机	额定功率 150MW，额度电压：13.8kV，空冷	台	1700
11	燃机房电动双梁桥式起重机	起重量120/35t　跨度41m	台	300

续表

序号	设备名称	规格型号	单位	2022年参考价
12	汽机房电动双梁桥式起重机	起重量70t/20t，28m	台	160
13	调压站	天然气流量：135300Nm^3/h	台	1500
14	增压站	天然气流量：190884Nm^3/h	台	4750
15	循环水泵	流量4.38m^3/s，扬程24.5m	套/台机	330
16	循环水泵	流量8.4m^3/s，扬程23.5m	套/台机	520
17	冷却水泵	流量0.695m^3/s，扬程29m	套/台机	80
18	主变压器	480MVA，220kV 三相无载调压	台	1350
19	燃机主变压器	410MVA，220kV 三相无载调压	台	1300
20	汽机主变压器	200MVA，220kV 三相无载调压	台	850
21	高压厂用变压器	25MVA/21kV	台	320
22	高压厂用变压器	16MVA/21kV	台	230

（五）燃气–蒸汽联合循环机组基本技术组合方案

1. 9H 级燃气蒸汽联合循环机组（西门子公司 SGT5-8000H）

序号	系统项目名称	新建
	容量 600MW 级	一拖一多轴，2 套
1	热力系统	高、低压主蒸汽及再热蒸汽系统按单元制设计，高温高压蒸汽参数等级为 16.7MPa.a/600℃/610℃（额定供热工况）；每台机组设置 2×100%电动调速高压给水泵（配“1 拖 2”变频器）和 2×100%中压给水泵。凝结水系统按 2 台 100%容量凝结水泵，配“1 拖 2”变频器。每台机组设置 2 台 100%容量闭式循环冷却水泵。高、中、低压主蒸汽旁路按 100%容量考虑
2	燃气轮机	燃气轮机型号：SGT5-8000H，9H 型，燃用天然气，2 台。进口。单套联合循环总出力，ISO 工况 670MW
3	余热锅炉	卧式、自然循环、三压再热、无补燃，室外露天布置，炉顶设置防雨罩，2 台。配 2 座烟囱，高度 60m
4	蒸汽轮机	汽轮机：三压再热、抽凝式、高中压合缸、水平侧排汽汽轮机。主汽压力 16.7MPa、主汽/再热温度 600/610℃

续表

序号	系统项目名称	新建
5	燃机发电机	发电机型号：SGen5-2000H，额定功率425MW，额定功率因数 0.85，额定电压22kV，静态励磁。2 台，冷却方式：全氢冷
6	汽轮发电机	发电机型号：SGen5-100A，额定功率224MW，额定功率因数 0.85，额定电压10.75kV。2 台，冷却方式：全空冷
7	主厂房区布置	燃气轮机采用低位布置、汽轮发电机组采用低位布置。主厂房采用钢筋混凝土框排架结构，屋面钢屋架，轻质加气混凝土加单层压型钢板围护。主厂房纵向总长度为 169.2m，主厂房总跨度 47.8m，两座燃机房顺列布置在汽机房两侧。余热锅炉为卧式锅炉，采用露天布置的形式
8	暖通系统	全厂设置集中冷水系统，为集中空调系统、风机盘管集中空调系统、主厂房集控楼内的降温通风系统提供冷源。集中冷水系统由热水型溴化锂制冷机组、风冷冷水机组、水泵等组成。冷却水取自热机专业开式循环冷却水系统供水管，风冷冷水机组系统作为电厂启动及检修期无开式循环冷却水时使用，并作为热水型溴化锂制冷机组的备用；主厂房和集控楼内的高、低压配电室、电气变频装置室、励磁设备间、直流屏及 UPS 室、蓄电池室，均分别设置降温通风系统。集控楼内的集中控制室、工程师室、电子设备间、继电器室均分别设置全年性全空气集中空调系统

续表

序号	系统项目名称	新建
9	空压站与启动锅炉	配4台25m³/min空压机,二台正常运行,一台检修备用，一台运行备用。 配1台45t/h的燃气启动锅炉
10	天然气处理系统	天然气处理系统范围：电厂围墙外1米天然气管道至厂区内天然气调压站至燃气轮机。厂内设露天布置天然气调压站1座，天然气调压单元按单元制设计，每台燃机对应两个100%容量的调压支路（一运一备）
11	水处理系统	锅炉补给水处理系统采用“过滤＋一级除盐＋混床”方案，系统正常出力547t/h；凝结水精处理系统采用中压系统，每台机组设置1套2×50%体外再生高速混床设备，两台机组公用1套体外再生装置；循环冷却水处理系统：两台机组设置1套加稳定剂装置和1套加杀菌剂装置；加药系统设置1套加氨装置和1套加磷酸盐装置；水汽集中取样系统；采用外购成品氢气、厂内贮存使用的供氢系统
12	供水系统方式	采用带有机力通风冷却塔的扩大单元制循环供水系统
13	循环水管	循环水管DN2200，总长度约810m，钢管
14	冷却塔	配12段逆流式机力通风冷却塔，风机直径10.36m

续表

序号	系统项目名称	新建
15	循环水泵房	循环水泵4台，集中循环水泵房1座，循环水泵房：建筑体积10642m³
16	补给水系统	补给水泵 4 台，Q=450～660m³/h，H=47～32m；配套电机N=90kW，配带变频器。夏季最大供热工况设计补水量约为1480m³/h，补给水管DN500，钢管
17	电气系统	本工程 2 台燃机、2 台汽机均以发电机–变压器单元制接线接入厂内220kV 配电装置。燃机发电机出口装设断路器，汽机发电机出口不装设断路器。燃机主变压器（530MVA，230±3×2.5%/22kV，三相式，双卷铜芯变压器）2台；汽机主变压器（280MVA，230±3×2.5%/22kV，三相式，双卷铜芯变压器）2台。每套机组设一台双绕组高厂变，电源从燃机发电机出口断路器与燃机主变压器间的母线上 T 接。全厂设一台双绕组备用变压器，作为高厂变的检修备用，同时兼做事故停机电源用。220kV配电装置采用户内GIS布置，出线4回。每套燃机机组设置1台1000kW柴油发电机组。每套机组设1套容量为1×100kVA
18	系统二次	设置线路保护柜、母线保护柜、故障录波器。保护及故障录波信息管理子站柜 1套。安全稳定控制装置 2 套。电能量计量厂站系统1套。AVC子站1套。相量测量装置（PMU）1套。纵向二次系统安全防护

续表

序号	系统项目名称	新建
18	系统二次	设备 1 套。发电计划曲线下载终端 1 套。调度网络发令系统 1 套。远动通信工作站 2 台。发电机、厂用变测控及 AGC 装置屏 2 面。横向二次安全防护设备 1 套。配置 2 套 SDH 622Mb/s 光端机。综合接入设备 1 套。调度数据网设备 1 套
19	控制系统	采用集中控制方式，两台联合循环机组及全厂辅助系统合用一个集中控制室，实现两机一控。联合循环机组公用和辅助车间系统控制纳入公用 DCS 网络，在集中控制室统一控制。本工程设置信息管理系统（MIS），包括基建期 MIS 和生产 MIS。MIS 系统和 SIS 系统网络合网设置，共用一套网络及存储和备份设备。建立一套数字化电厂一体化平台：只建立一套数据中心，全厂数据统一在数据中心的实时和关系数据库中。利用数据中心进行采集、存储、处理、分析，所有业务模块统一从数据中心调用数据
20	交通运输工程	
	公路	平原微丘三级道路，厂外 25m
21	土建及岩土工程	

续表

序号	系统项目名称	新建
1）	厂址条件	厂区占地 $9.85hm^2$，基本地震烈度为 6 度，采用旋挖成孔灌注桩、直径 800；无法满足设计要求的，需进行必要的地基处理
2）	地基处理	主厂房、燃气（蒸汽）轮发电机基座、集中控制楼、余热锅炉、烟囱、变压器基础、GIS 基础、锅炉补给水处理车间、供氢站等采用桩基，桩采用直径 800 旋挖成孔灌注桩。机械通风冷却塔、循环水泵房、综合水泵房等主要水工建（构）筑物采用天然地基，局部采用级配碎石换填；其他生产、辅助生产及附属建构筑物根据结构特点及所在区域地质条件采用天然地基，无法满足设计要求的，考虑采用换填等浅层处理或桩基
3）	厂区土石方工程	土石方 15 万 m^3
4）	主厂房结构形式及体积	主厂房钢筋混凝土框排架结构，主厂房体积 $188442m^3$
5）	GIS	室内 GIS 室，建筑体积 $11882m^3$
6）	调压站	钢结构，半露天设遮阳棚，建筑面积 $750m^2$
7）	水处理车间	钢筋混凝土框架

续表

序号	系统项目名称	新建
8）	生产附属及公共福利工程	办公楼 2100m²，值班宿舍 840m²，材料库及检修间 1680m²，次门卫 21m²，主入口警卫室 52.5m²

2. 9F级燃气蒸汽联合循环机组（SCC5-4000F）

序号	系统项目名称	新建
1	容量 400MW级	一拖一，单轴，燃用天然气，2套
2	主厂房区布置	每套机组单独布置，燃气轮机、发电机和汽轮机为单轴纵向顺序布置，主厂房钢结构，余热锅炉露天布置，主厂房跨度29m，厂房长53.3m，运转层标高4.5m
3	燃气轮机	燃气轮机型号：SGT5-4000F；9F型，燃用天然气，2台。无旁路烟道。单套联合循环发电功率475MW（ISO工况），474MW（性能保证工况）
4	蒸汽轮机	汽轮机：三压、再热、双缸（高压缸和中低压缸）、轴向排汽。主汽压力12.473MPa、主汽/再热温度560/549.7℃
5	发电机	发电机型号：THDF108/53；水氢氢，铭牌出力：474MW/498MVA；静止励磁系统，从发电机端通过励磁变压器引接

续表

序号	系统项目名称	新建
6	余热锅炉	卧式、三压、再热、无补燃、自然循环、露天布置。配1座烟囱，高60m，内径7.6m
7	热力系统	高、中、低压三级给水系统。高中压合泵，高中压给水泵采用2台100%容量离心式调速给水泵，1运1备。2台100%容量凝结水泵，1运1备。2台100%容量闭式冷却水泵；2台100%容量闭式冷却器；1运1备。2台100%容量开式循环冷却水泵，1运1备。电动双梁桥式起重机370t/140t/16t/2t，1台。设高、中、低压三个100%旁路
8	空压机站	配4台空压机4×15m^3/min
9	启动锅炉	启动锅炉1×20t/h
10	暖通系统	主厂房采用直接蒸发式空气处理机组
11	天然气处理系统	天然气处理系统范围：电厂围墙外1米天然气管道至厂区内天然气调压站至燃气轮机。天然气处理系统包括紧急隔断，过滤、调压及计量功能。设调压站1座，调压站内的调压支路按单元制设置，每台机组1个单元设2路调压支路，1路工作线1路备用线
12	化学水处理	锅炉补给水系统采用全膜法处理工艺，系统净出力2×40t/h；给水、炉水加药及水汽取样系统包括在余热锅炉岛内；循环水加ClO_2，出力2×10kg有效氯/h；循环冷却

续表

序号	系统项目名称	新建
13	化学水处理	水设加酸、加稳定剂系统；制氢系统 1×10Nm^3/h，并设干燥、贮存设施；工业废水处理系统按分散处理、集中排放考虑
14	供水方式	采用扩大单元制二次循环供水系统
15	冷却水塔	每台机配逆流式自然通风冷却塔 1 座，冷却塔淋水面积为 3000m^2
16	循环水系统	二台机共用 1 座循环水泵房，下部结构 29.14m×20.1m×9.0m（长×宽×深），上部结构 12.8m×37.38m×14.5m（长×宽×高），大开挖施工。泵房内安装 4 台循环水泵（立式斜流泵），水泵特性参数为：Q=3.3m^3/h，H=23m；电动机 N=1100kW，U=6000V。循环水压力钢管采用焊接钢管；2×DN2000mm，总长 L=2×700m
17	补给水系统	补给水为地表水，补给水量为 1200m^3/h，四台机合建一座补给水泵房。本期 3 台补给水泵，2 用 1 备，补给水泵参数：Q=600m^3/h，H=35m；电动机 N=95kW，U=380V。下部结构 15m×19.0m×8m（长×宽×深），上部结构 18m×9m×8m（长×宽×深），大开挖施工。地表水处理站采用斜管式沉淀池 2×800t/h＋部分滤池方案
18	补给水管线	补给水管 1×DN600，管线长度 L=5km

续表

序号	系统项目名称	新建
19	电气系统	主接线为220kV双母线，出线4回，采用220kV户内GIS,配电装置10个间隔(8个断路器间隔和2个P.T+L.A间隔)。主变压器是SFP-480000/220型（原则应与机组容量匹配），2台三相主变压器；发电机出口设断路器。每套联合循环机组设1台高厂变，接在相应机组发电机出口，容量选用20MVA。2～4套联合循环机组共设1台20MVA高压厂用/备用变。设置2套燃机变频起动装置。每套燃机机组设置1台1200kW柴油发电机组。每套燃机设1台80kVA不停电电源装置
20	系统二次	线路保护、母线保护按双重化配置。配置断路器保护。线路故障录波器1台。行波测距装置1套。保护及故障录波信息管理子站1套。安全稳定控制装置按双重化配置。远动与网控统一考虑。配置AGC/AVC测控柜1套。500kV出线侧、启备变高压侧配置主/校、0.2s级关口表；机组出口侧配置单、0.5s级考核表；电表处理器1套，计费小主站1套。调度数据网接入设备1套。二次系统安全防护设备1套。功角测量装置1套。电厂竞价辅助决策系统1套。发电负荷考核系统1套。配置2套SDH 622Mb/s光端机。载波通道4路。96门调度程控交换机1台。−48V高频开关电源2套，500AH蓄电池2组。至调度端PCm^2对。通信机房动力环境监视纳入电厂网控系统统一考虑

续表

序号	系统项目名称	新建
21	控制系统	全厂设1套MIS和1套SIS（根据工程实际情况可设置厂级DCS系统）、1套工业闭路电视监视系统。每台机组设1套DCS。设辅助车间集中监控网络
22	交通运输工程	
	公路	公路进厂，三级厂矿道路标准，厂外5km
23	土建及岩土工程	
1）	厂址条件	厂区占地11hm^2，厂址位于非采暖区，基本地震烈度为7度。采用Φ600钻孔灌注桩，桩长16m，桩数963根
2）	厂区土石方工程及地基处理	土石方25万m^3
3）	主厂房结构形式及体积	主厂房采用钢结构，主厂房体积140377m^3
4）	GIS楼	钢筋混凝土地下结构
5）	水处理车间	钢筋混凝土框架
6）	调压站	轻钢结构

续表

序号	系统项目名称	新建
7）	材料库及检修间	1680m^2
8）	生产附属及公共福利工程	办公楼 2100m^2，值班宿舍 840m^2，次门卫 21m^2，主入口警卫室 52.5m^2

3. 9F 级燃气蒸汽联合循环供热机组（东方汽轮机厂 M701F4，重型）

序号	系统项目名称	新建
1	容量 400MW 级	一拖一，多轴，燃用天然气，2 套
2	主厂房区布置	燃气轮机采用低位布置、蒸汽轮机采用高位对称布置。燃机房和汽机房采用混凝土十钢次梁结构。燃机房跨度为 22m，长为 44m，两座燃机房顺列布置在汽机房两侧，燃机房总占地面积为 22m×88m。汽机房跨度为 44m，其中汽机区域长度为 61.4m，总占地面积为 44m×61.4m。余热锅炉为卧式锅炉，采用封闭结构
3	燃气轮机	燃气轮机型号：M701F4；9F 型，燃用天然气，二台。无旁路烟道。单套联合循环总出力，ISO 工况 497.59MW

续表

序号	系统项目名称	新建
4	蒸汽轮机	汽轮机：双缸、三压、再热、抽凝式汽轮机，向下排汽。主汽压力15.16MPa、主汽/再热温度563.9/566℃
5	燃机发电机	发电机型号：QFR-340-2-16，额定功率336.6MW，额定功率因数0.85，额定电压16kV，自并励静态。2台，冷却方式：氢冷
	汽轮发电机	发电机型号：QF-165-2-15.75，额定功率165MW，额定功率因数0.85，额定电压15.75kV，静态无刷励磁。2台，冷却方式：全空冷
6	余热锅炉	卧式，三压、再热、自然循环、无补燃、半露天布置。配2座烟囱，高度90m
7	热力系统	主蒸汽及旁路系统：共有高、中、低压三级主蒸汽，中压蒸汽通过冷段再热后进入汽缸。汽轮机采用三级100%气动旁路，高压旁路由主汽排至冷段，中、低压旁路均排入凝汽器。每台余热锅炉配套设置2台电动高压给水调速泵和2台中压给水定速泵；每台机组设置2×100%容量立式凝结水泵，2台凝结水泵共用1个变频器；设置2×100%汽室水环式真空泵和1台35%容量罗茨真空泵组；循环水系统采用带机力通风冷却塔的二次循环冷却水；设置2台100%容量的开式冷却水升压泵；每台机

续表

序号	系统项目名称	新建
7	热力系统	组设置两台 100%容量闭式冷却水泵和两台 100%容量闭式冷却水热交换器。电动桥式起重机 120/25t，2 台；电动桥式起重机 80/20t，1 台
8	热网系统	设 2 台热段抽气管道减温器 m=220t/h，2 台冷段抽汽管道减温器 m=240t/h，2 台供热回水热交换器 m=460.5t/h，2 台供热集箱，2 台辅汽联箱
9	空压机站	配 4 台 30Nm^3/min 的螺杆式空压机，2 台运行，1 台运行备用，1 台检修备用
10	启动锅炉	启动锅炉 1×20t/h
11	暖通系统	汽轮机房采用自然进风、机械排风方式；锅炉补给水车间设置一个集中制冷站，用于向集控楼和主厂房区域内电气设备间、锅炉补给水车间及厂前区提供冷源，集中制冷系统采用冷水机组，按 3×50%配置。冷冻水进出水温度为 12～7℃。集控室设置全年运行的冷暖舒适性空调；电子设备室、继电器室设置全年运行的全空气恒温恒湿空调；励磁小室设置空调降温；主厂房区域的变频器室、380V 配电室、6kV 配电室及 UPS 室等电气设备装置室设置降温通风
12	天然气处理系统	每台燃机对应一路 100%容量的调压支路，两台燃机共用一条备用调压支路。启动锅炉设置一条调压支路，不设备用

续表

序号	系统项目名称	新建
13	化学水处理	锅炉补给水处理系统设计出力为528m^3/h；每台机组设1台除铁过滤器，出力为550m^3/h，过滤器滤芯精度：5μm，除铁过滤器采用非反洗型式；循环冷却水采用投加杀菌剂和稳定剂的处理方案；氢气站设1套10Nm^3/h的中压水电解制氢设备和3台13.9m^3氢气贮存罐；凝结水、给水采用加氨和给水、闭冷水加联氨及炉水加磷酸盐处理；每台机组设置一套集中式水汽取样分析装置；供热返回水为从热用户来的蒸汽冷凝水170t/h，返回水温度为90℃，经过热交换降温到46℃，再送至化水车间，车间内设返回水处理设备
14	供水方式	采用一机配两泵扩大单元制供水方式
15	循环水系统	设置1座循环水泵房。水泵房地下长度为32m，宽度为14.05m，其地下部分深5.2m，地上部分高约9.5m，泵房占地面积为32m×14.05m。循环水泵采用卧式离心泵，一台机组配置2台循环水泵，每台泵配置双速电机。循环水泵高速参数：Q=4.24m^3/s，H=22m，η=88%；低速参数：Q=3.374m^3/s，H=18m，η=86%。 循环水压力供水管采用一机一管，压力供水管道采用DN2200钢管
16	补给水系统	本期设3台补水泵，参数：Q=550m^3/h，H=70m，配套电机N=160kW　U=380V。 循环水泵房：建筑体积8668m^3

续表

序号	系统项目名称	新建
17	补给水管线	补给水管 DN400，厂外管线长度约7.45km
18	电气系统	主接线为220kV双母线，采用220kV户内GIS，配电装置10个间隔（包括2回出线、4回发电机–变压器组进线、1回高压备变进线、1个母联、2个母线设备，共10个间隔。）燃机主变压器型号为SF10-410000/220；汽机主变型号为 SFP10-200000/220（原则应与机组容量匹配），各2台三相主变压器；发电机出口设断路器。每套联合循环机组设1台高厂变，接在相应机组发电机出口，容量选用18MVA。2～4套联合循环机组共设1台18MVA高压厂用/备用变。每套燃机机组设置1台1000kW柴油发电机组。每套燃机设1台120kVA不停电电源装置
19	系统二次	线路保护、母线保护按双重化配置。配置母联断路器保护。线路故障录波器1台。线路保护通信接口屏1套。浪涌抑制器屏2套。远动与网控统一考虑。厂级AVC/AGC系统1套。关口计费电能表屏；机组电能表屏；线路电能表屏；电能计量采集装置屏。功角测量系统1套。发电计划曲线下载工作站1套。值长管理系统1套。网络发令系统1套。视频会商系统1套。热/冷负荷在线监测屏1套。保护信息子站系统

续表

序号	系统项目名称	新建
19	系统二次	1套。二次系统安全防护设备1套。态势感知系统1套。安全稳定控制装置1套。失步解列装置2套。电能质量监测装置2套。配置2套SDH 622Mb/s光端机。接入路由器2套。接入交换机2套。电厂管理业务网1套。–48V高频开关电源2套，500AH蓄电池2组。至调度端PCM2对
20	控制系统	全厂设1套MIS和1套SIS（根据工程实际情况可设置厂级DCS系统）、1套工业闭路电视监视系统。每台机组设1套DCS。设辅助车间集中监控网络
21	交通运输工程	
	公路	90m
22	土建及岩土工程	
1）	厂址条件	厂区占地9.17hm^2,基本地震烈度为6度。汽机房、燃机房、汽机基座、集控楼、烟囱基础：采用直径800mm的冲孔灌注桩，锅炉基础：采用直径1000mm的冲孔灌注桩，其他辅机基础采用冲孔灌注桩基础或浅基础或地梁支承
2）	厂区土石方工程及地基处理	土石方15.55万m^3

续表

序号	系统项目名称	新建
3）	主厂房结构形式及体积	主厂房采用钢筋混凝土＋钢次梁结构，主厂房体积 179277.56m^3，集中控制楼 21654m^3
4）	GIS	室外 GIS
5）	水处理车间	钢筋混凝土框架
6）	调压站	钢结构，半露天设遮阳棚，建筑面积 4200m^2
7）	生产附属及公共福利工程	办公楼 2100m^2，次门卫 21m^2，主入口警卫室 52.5m^2

五、工 程 案 例

（一）垃圾焚烧电站

1. 参考造价

某垃圾焚烧电站：处理生活垃圾 1000t/d，配置 2×500t/d 机械炉排炉＋2×12MW 凝汽式汽轮发电机组。

机组容量	机组类型	2022 年造价［元/kW，万元/（t·d）］
2×500t/d 机械炉排炉＋2×12MW	凝汽式汽轮发电机组	26822/64.37

2. 技术条件

序号	系统项目名称	新建
一	热力系统	
1	主厂房	综合主厂房主要由卸料平台区、垃圾池、焚烧车间、烟气净化车间、主控楼、汽机除氧间及 GIS 楼组成。厂房占地约 13214m^2，总长 160.3m，总宽 85.5m
2	焚烧炉	焚烧处理能力：500t/d，炉排炉（炉排具备超烧 20%的能力），炉排 L 型，液压驱动（含点火及辅助燃烧系统、脱硝装置等），2 台

续表

序号	系统项目名称	新建
3	余热锅炉	自然循环卧式锅炉，过热蒸汽流量：65t/h，钢结构，2台。配1座烟囱，烟囱高度为80m，钢内筒直径为2.1m
4	汽轮机	汽轮机型号：N12-3.8型，铭牌功率：12MW，中温中压，凝汽式，主蒸汽温度395℃，主蒸汽额定压力3.8MPa（a），2台
5	汽轮发电机	QF-W12-2型，2台
6	热力辅助系统	一次风机：风量36.11m^3/s，电机功率315kW，2台；二次风机：风量13.05m^3/s，电机功率132kW，2台；引风机：风量83.4m^3/s，电机功率630kW，2台。炉前给料装置：垃圾料斗：结构：方形，进口尺寸：7.2m宽×7.29m长×7.45m高。凝结水泵：63m^3/h，117mH$_2$O，100%流量，4台，一拖二变频。给水泵：永磁调速给水泵，71.5t/h，742mH$_2$O，3台。主蒸汽管道20G，主给水管道20G
7	烟气净化系统	除尘器：布袋除尘器，出口排放浓度不大于10mg/Nm^3（干烟，11%O$_2$）。脱酸塔：塔体尺寸为φ11.5m（直径）×12m（高度），旋转雾化器最大喷浆量：6.5t/h，功率：74kW。干粉存储喷射装置：干粉储仓容积：60m^3，干粉喷射风机流量：980m^3/h。活性炭存储喷射装置：活性炭储仓容积：20m^3，活性炭喷射风机流量：180m^3/h

续表

序号	系统项目名称	新建
8	烟囱	烟囱高度80m，采用套筒烟囱，钢筋混凝土外筒，双钢内筒，内筒与外筒间设三道钢结构平台，钢内筒采用自立式支承
9	暖通系统	
1）	焚烧间、烟气净化间、汽机房	采用自然进风、机械排风降温通风方案
2）	参观通道、主控室、垃圾吊控制室的隔臭	设置冷暖型多联机空调、新风系统
3）	渗沥液沟道/污水泵间	设置机械送风、机械排风方案
4）	垃圾池	正常情况下焚烧炉运行时，优先将臭气送至焚烧炉内高温分解，烟气经净化后达标排放；仅当焚烧炉低负荷运行导致垃圾池不能维持足够负压或者焚烧炉停运检修时，臭气经应急除臭系统处理后达标排放
二	燃料供应系统	封闭卸料平台：67m×28m。垃圾池：47947m^3（有效容积19278m^3），10000t，10天。汽车衡：80t，2台。卸料门：4500×3500液压地开式，7台。垃圾吊：起重量：18t，起升高度：37m，跨度：33.4m，液压桔瓣式抓斗，抓斗容积：10m^3。2个垃圾吊设1个公用备用抓斗。渗滤液收集池：462m^3（有效容积320m^3），1天，2台50m^3/h排污泵

续表

序号	系统项目名称	新建
三	除灰渣系统	包括炉渣处理系统、飞灰输送系统、飞灰稳定化系统及压缩空气系统。炉排漏渣输送机：型号：YD430，出力：1.2t/h。出渣机：水封液压推动式，出力：12t/h。渣吊：起重量：10t，起升高度：14.5m，跨度：8.1m，配 1 个备用抓斗。刮板输送机：型号：YD640，出力：12t/h。设置 2 座钢结构飞灰仓，直径 4.5m，有效容积 $120m^3$；2 台气化风机（Q=5.25Nm^3/min）和 1 台电加热器（P=15kW）；1 座水泥仓，有效容积 $40m^3$。空压机站：配 4 台空压机 4×36.3m^3/min
四	化学水处理系统	
1	化学水处理系统	锅炉补给水处理系统采用全膜法处理工艺，系统净出力为 2×10m^3/h。水汽取样分析装置包括高温盘、低温盘和人工取样部分。循环冷却水处理系统采用杀菌剂、水质稳定剂处理。炉水加药处理系统采用炉内低磷酸盐处理，给水凝结水加氨、加联氨，两机合用一套加药系统
2	垃圾渗滤液处理系统	采用“厌氧反应器（UASB）＋膜生物反应器（MBR）＋纳滤（NF）＋反渗透（RO）”工艺。渗滤液处理车间采用钢筋混凝土框架结构，设置 2 个调节池，调节池总容积为 $2100m^3$，池内设置搅拌机。设置两级硝化、反硝化，一级反硝化池 1 座，容积为 $400m^3$，一级硝化池两座容积均为 $800m^3$，二级反硝化池 1 座，容积为 $220m^3$，二级硝化池 1 座，容积为 $240m^3$

续表

序号	系统项目名称	新建
五	供水系统	
1	供水方式	带机械通风冷却塔的循环供水系统
2	循环水系统	2台机共配置3座出力为2100m³/h的机械通风逆流式冷却塔；2台机共用1座循环水泵房，泵房地下结构17.75m×16m×4m（长×宽×深），地上结构24m×8m×7.2m（长×宽×深），进水间上部建筑全露天敞开式结构。泵房内安装4台循环水泵，水泵特性参数为：Q=1600m³/h，H=20m；电动机N=132W，U=380V。循环水压力钢管采用焊接钢管；DN1000mm，总长为590m
3	补给水系统	补给水为中水，设2台补给水泵，1用一备。补给水管2×DN200，长度L=4km。
4	中水深度处理系统	系统最大处理能力为2×100m³/h，设置一体化混凝沉淀过滤净水设备2座，尺寸为长×宽×高=11.25m×5m×4.0m，钢结构，地上式布置
六	电气系统	
1	出线回路	2回
2	配电装置	采用110kV户内GIS，有3个间隔（2个主变压器进线间隔，1个出线间隔），1个母线设备间隔。断路器额定开断电流40kA
3	主变压器	SZ11-16000/110型，2台三相双绕组主变压器

续表

序号	系统项目名称	新建
4	高压厂用电源	不设专用高压备用电源，机组启动电源从110kV配电装置经主变降压倒送至厂用电，10kV厂用工作母线之间设有联络断路器，两台机互为事故停机电源。从附近10kV系统引一路备用段电源至10kV Ⅰ段，作为电厂的紧急停机电源
5	电气系统其他设备	设置一台50kVA UPS装置；设置1组220V动力控制合用蓄电池，容量800Ah，配180A高频开关电源2组（模块 n+1配置）；发电机–变压器组保护采用单套保护装置；保护屏4面；全厂共26面10kV高压开关柜（含F-C），额定热稳定电流25kA
6	系统二次	110kV母线、110kV线路、发电机、主变压器、10kV线路、厂用变压器、高压电动机等均采用微机型保护测控装置。110kV线路保护1套、母线保护1套。远动系统仅要求AVC功能，配置远动RTU屏1面；配置发电计划申报子站1套
七	热工控制系统	
1	主厂房热力控制设备	分散控制系统（DCS）功能范围包括：DAS、MCS、SCS、ACC、ECS。汽轮机控制系统（DEH）包括：机械液压部套、控制机柜、系统电缆、人–机接口及外围设备，2套。汽轮机紧急跳闸系统（ETS）重要信号以硬接线方式与DCS相连，2套。汽轮机安全监测仪表（TSI）含汽机转速、轴向位移、每个轴承的绝对振动、胀差、气缸膨胀等功能，2套

续表

序号	系统项目名称	新建
2	辅助系统热力控制设备	循环水供水仪表与控制系统：纳入全厂DCS系统，相关设备分配至两个不同的DPU控制，部分设备接入就地DCS控制站，部分设备采用远程IO接入集控楼电子设备间DCS的公用机柜，1套。压缩空气仪表与控制系统、除渣仪表与控制系统：采用直接硬接线接入的方式，接入全厂DCS的公用机柜，各1套。烟气净化仪表与控制系统、飞灰输送仪表与控制系统、中水深度处理仪表与控制系统、综合水泵房仪表与控制系统、锅炉补给水处理仪表与控制系统、循环冷却水处理仪表与控制系统、脱硝贮氨仪表与控制系统：由DCS实现，硬件与全厂DCS系统保持一致，各1套。厂外补给水泵房仪表与控制系统：采用PLC控制系统进行顺序控制，通过光纤接入主厂房辅助车间DCS控制系统，1套。垃圾渗滤液仪表与控制系统：采用PLC系统，就地集中控制方式，1套
3	全厂工业闭路电视系统	由彩色网络摄像机、计算机、监控平台、各种电缆、大容量扩展存储、网络交换机、系统软件、各种应用软件等组成，共98个监控点，1套
4	全厂火灾探测报警系统	包括火灾报警工作站、智能式消防系统控制主机、分控制器、消防联动柜、各类联动控制模块、消防电话、消防广播、各类智能型火灾探测器、声光报警器、手动按钮、线缆等，1套

续表

序号	系统项目名称	新建
5	厂级自动化系统	厂级监控信息系统（SIS）和管理信息系统（MIS）
八	交通运输工程	
	公路	进厂道路为 580m，采用郊区型混凝土道路
九	附属生产工程	综合办公楼 $2728m^2$，值班宿舍楼 $3365m^2$
十	地基处理	综合主厂房、综合办公楼采用天然地基，烟囱、渗滤液处理车间、焚烧炉基础、烟道支架、一次机基础、引风机基础等均采用天然地基，高架桥采用冲孔灌注桩
十一	脱硝装置系统	采用 SNCR 脱硝工艺。氨水作为还原剂，将浓度为 20%的氨水稀释至 5%，然后喷射到焚烧炉内，除去焚烧炉内的氮氧化物。整个系统由 20%的氨水输送、储存、稀释装置和喷射装置等设备装置构成。本工程两条焚烧线共设置一套氨水储存系统和软水供应系统，每条焚烧线设置一套氨水加注和分配系统，每炉设双层喷射系统，每层 6 支氨水喷枪，每炉共 12 支氨水喷枪

（二）陆上风电工程

1. 造价情况

装机容量/单机容量	2022 年造价（元/kW）
300MW/6250kW	3947

2. 主要技术经济指标表

装机规模	MW	300	单机容量	kW	6250
风电机组设备价格	元/kW	1700	塔筒（架）单位造价	元/t	10000
风机叶轮直径	m	182	轮毂高度	m	105
工程静态投资	万元	118405	厂址地形		丘陵
单位千瓦静态投资	元/kW	39470	永久用地	亩	515

（三）光伏发电工程

1. 造价情况

装机容量/组件功率	2022 年造价（元/kW）
356MW/540Wp	3737

2. 主要技术经济指标表

<table>
<tr><td>装机规模（直流侧容量）</td><td>MW</td><td>356</td><td colspan="2">组件功率（单晶硅）</td><td>Wp</td><td>540</td></tr>
<tr><td>交流侧容量</td><td>MW</td><td>300</td><td colspan="2">光伏组件支架（固定式）</td><td>元/t</td><td>8543</td></tr>
<tr><td>光伏组件设备价格</td><td>元/Wp</td><td>1.75</td><td colspan="2">箱逆变一体机</td><td>万元/台</td><td>60</td></tr>
<tr><td>工程静态投资</td><td>万元</td><td>132988</td><td rowspan="2">建设用地面积</td><td>永久用地</td><td>亩</td><td>16</td></tr>
<tr><td>单位千瓦静态投资</td><td>元/kW</td><td>3737</td><td>临时用（租）地</td><td>亩</td><td>8256</td></tr>
</table>

六、典型单位工程技术经济指标

工程名称	技术方案	主要工程量	2022参考造价（万元）
排烟冷却塔	排烟冷却塔采用钢筋砼双曲线自然通风冷却塔，由通风筒、人字柱、环型基础、水池、淋水架构、中央竖井（烟道支架）等组成。淋水面积4500m^2；喉部标高 90m；喉部直径 44.284m；塔顶标高120m；塔顶直径 47.201m，进风口标高 7.8m，环板基础中心直径 85.704m 玻璃钢烟道由两部分组成：塔内烟道和塔外烟道；玻璃钢烟道管体由内衬层、结构层及外表面层构成；烟道直径 5.2m，长度 216m；玻璃钢烟道制作材料主要包括：树脂、玻璃纤维及制品、促进剂、固化剂、调节剂等	基础10600m^3，筒壁9060m^3，玻璃钢烟道 216m	9716

续表

工程名称	技术方案	主要工程量	2022参考造价（万元）
筒仓	筒仓内直径15m，高度34m，12m以下壁厚为400mm，12m以上为300mm；28.9～34.1m为设备间，基础埋深6m，基础底板厚2.5m。3座。储煤量3000t。 筒仓内设备：电磁振动给煤机，环式给煤机	基础3259m³，筒壁2664m³	2252
	筒仓内直径16m，高度32.4m，储煤量3000t，3座。 10.4m以下壁厚为500mm，10.4m以上为400mm；30～38m为设备间，基础埋深3.2m，基础底板厚2m。 筒仓内设备：电磁振动给煤机，环式给煤机	基础1872m³，筒壁3816m³	2002
	筒仓内直径18m，高度37m，储煤量5000t，无设备间及控制室。2座。 筒仓内设备：电磁振动给煤机，环式给煤机	基础2055m³，筒壁2689m³	1671
	筒仓内直径30m，高度50m。储煤量20000t。3座。 筒仓底板底标高−6.6m，厚2.8m；上部外筒壁外直径15m，	基础12000m³，筒壁12276m³	8394

续表

工程名称	技术方案	主要工程量	2022参考造价（万元）
筒仓	顶标高 50m，壁厚 500mm，筒内设中心柱；铸石板内衬，锥斗顶部设钢锥冒；筒仓外设钢平台板及螺旋钢梯；含 99m 仓顶钢结构栈桥，栈桥尺寸 8.5m×5.5m	基础 $12000m^3$，筒壁 $12276m^3$	8394
	筒仓内直径 33m，高度 47m，3.8m 以下壁厚为 600mm，3.8m 以上为 450mm；无设备间及控制室，基础埋深 6.3m，基础底板厚 2.7m。4 座。 筒仓内设备：电磁振动给煤机，环式给煤机	基础 $15157m^3$，筒壁 $18919m^3$，微晶板内衬 $6275m^2$	11646
	筒仓内直径 36m，高度 50m。储煤量 30000t。3 座。 筒仓底板底标高 −6.6m，厚 2.8m；上部外筒壁外直径 17.38m，顶标高 50m，壁厚 600mm，筒内设中心柱；铸石板内衬，锥斗顶部设钢锥冒；筒仓顶板为钢梁浇制混凝土板，筒仓外设钢平台板及螺旋钢梯；含 135m 仓顶钢结构栈桥，栈桥尺寸 12.5m×6m	基础 $14523m^3$，筒壁 $18245m^3$	11485

续表

工程名称	技术方案	主要工程量	2022参考造价（万元）
$12000m^2$海水冷却塔	淋水面积 $12000m^2$；塔高165m；2座冷却塔。 塔内钢管计算至冷却塔池壁外1m。 海水冷却塔塔筒外壁防腐仅考虑：塔顶以下15m范围 海水塔防腐施工工艺： 中央竖井顶标高以上（表干区）：喷砂处理—封闭清漆一道—腻子二道—玻璃鳞片一道—面漆二道。 中央竖井顶标高以下（表湿区）：喷砂处理—封闭清漆一道—腻子二道—玻璃鳞片二道—面漆二道。 淋水构件架梁、柱表面：喷砂处理—封闭清漆一道—腻子二道—玻璃鳞片二道—面漆二道。 中央竖井、配水槽、压力进水构：喷砂处理—封闭清漆一道—腻子二道—玻璃鳞片二道—面漆二道	基础$27245m^3$，筒壁$34596m^3$，防腐面积$257024m^2$	30664

续表

工程名称	技术方案	主要工程量	2022参考造价（万元）
12000m² 海水冷却塔	人字柱、人字柱支墩、水池侧壁、水池底板：喷砂处理—封闭清漆一道—腻子二道—玻璃鳞片二道—面漆二道。 塔筒外表面：喷砂处理—封闭清漆一道—丙烯酸面漆二道。 海水塔塔筒内外壁防腐采用吊篮施工。 海水塔塔内现浇部分防腐（竖井、配水槽、压力水沟、人字柱等）采用搭设脚手架施工。 海水塔淋水构架梁、柱吊装至专门场地进行防腐施工	基础 27245m³，筒壁 34596m³，防腐面积 257024m²	30664
13000m² 海水冷却塔	淋水面积 13000m²；塔高 177m；2 座冷却塔。 塔内钢管计算至冷却塔池壁外 1m。 海水冷却塔塔筒外壁防腐仅考虑：塔顶以下 15m 范围 海水塔防腐施工工艺： 中央竖井顶标高以上（表干区）：喷砂处理—封闭清漆一道—腻子二道—玻璃鳞片一道—面漆二道	基础 29085m³，筒壁 36472m³，防腐面积 285582m²	32085

续表

工程名称	技术方案	主要工程量	2022参考造价（万元）
$13000m^2$ 海水冷却塔	中央竖井顶标高以下（表湿区）：喷砂处理—封闭清漆一道—腻子二道—玻璃鳞片二道—面漆二道。 淋水构件架梁、柱表面：喷砂处理—封闭清漆一道—腻子二道—玻璃鳞片二道—面漆二道。 中央竖井、配水槽、压力进水构：喷砂处理—封闭清漆一道—腻子二道—玻璃鳞片二道—面漆二道。 人字柱、人字柱支墩、水池侧壁、水池底板：喷砂处理—封闭清漆一道—腻子二道—玻璃鳞片二道—面漆二道。 塔筒外表面：喷砂处理—封闭清漆一道—丙烯酸面漆二道。 海水塔塔筒内外壁防腐采用吊篮施工。 海水塔塔内现浇部分防腐（竖井、配水槽、压力水沟、人字柱等）采用搭设脚手架施工。 海水塔淋水构架梁、柱吊装至专门场地进行防腐施工	基础 $29085m^3$，筒壁 $36472m^3$，防腐面积 $285582m^2$	32085

续表

工程名称	技术方案	主要工程量	2022参考造价（万元）
$13000m^2$冷却塔	淋水面积 $13000m^2$；塔高177m；2座冷却塔。 塔内钢管计算至冷却塔池壁外1m	基础$29085m^3$，筒壁$36472m^3$	24864

七、燃煤机组火电工程结算性造价指数（2021～2022）

（一）编制说明

1. 火电工程结算性造价指数

火电工程结算性造价指数是为工程概算的静态控制、动态管理使用的，用以计算火电工程各年度四项费用及综合造价因物价上涨及政策性调整而引起各项费用变化的动态指数。

2. 主要编制依据

（1）主要设备价格以中国电能成套设备有限公司资料为基础，并参考实际工程招标情况作了个别修改。

（2）建筑、安装工程主要材料价格采用北京地区 2022 年价格，其中安装材料的实际价格以电力建设工程装置性材料价格资料为基础，并结合 2022 年实际工程招标价格作了综合测算。人工工资、定额材料机械调整执行电力工程造价与定额管理总站《关于发布 2018 版电力建设工程概预算定额 2022 年度价格水平调整的通知》（定额〔2023〕1 号）。

（3）定额采用国家能源局 2019 年 11 月发布的《电力建设工程概算定额》（2018 年版），部分项目采用《北京市建筑工程概算定额》。

（4）费用标准按照 2019 年 11 月国家能源局发布的《火力发电工程建设预算编制与计算规定》，其他政策文件依照惯例使用至2022年底止。

（5）指数计算时，技术条件及工程量均采用2022年水平。

（6）国产机组造价内已含少量必要的进口设备、材料费用，进口汇率按 1USD＝6.8854RMB，其相应的进口费用已计入设备材料费中，其中的关税按《中华人民共和国进出口关税条例》中的优惠税率计。

（7）指数测算中的价格只计算到静态投资，基本预备费率为3%。

3. 编制范围

本指数测算内容中不包括下列内容：

（1）灰渣综合利用项目（指厂外项目）；

（2）厂外光纤通信工程；

（3）地方性的收费；

（4）项目融资工程的融资费用；

（5）价差预备费；

（6）建设期贷款利息。

（二）2021～2022年结算性造价指数

序号	项目内容	2021年造价（元/kW）	2022年造价（元/kW）	修正后2021年造价（元/kW）	2021～2022指数（%）
一、2×350MW 新建					
1	建筑工程费用	1272	1252	1276	－1.94
2	设备购置费用	1616	1749	1619	8.06
3	安装工程费用	782	784	780	0.50

续表

序号	项目内容	2021 年造价（元/kW）	2022 年造价（元/kW）	修正后 2021 年造价（元/kW）	2021～2022 指数（%）
4	其他费用	659	652	660	－1.14
	合计	4328	4437	4335	2.36
二、2×660MW 新建					
1	建筑工程费用	984	973	990	－1.67
2	设备购置费用	1473	1623	1475	10.02
3	安装工程费用	728	729	728	0.16
4	其他费用	515	510	515	－1.15
	合计	3700	3835	3708	3.41
三、2×1000MW 新建					
1	建筑工程费用	887	869	892	-2.52
2	设备购置费用	1358	1514	1360	11.32
3	安装工程费用	695	696	695	0.09
4	其他费用	433	427	433	－1.42
	合计	3373	3506	3380	3.73

注　修正后 2021 年造价指在 2021 年造价基础上，按 2021 年与 2022 年非价格因素变化进行调整后的造价。

八、参 考 电 价

（一）限额设计参考电价计算条件

（1）假设电厂建设工程在 2023 年 1 月 1 日开工。

（2）各类型机组的年度静态投资比例如下表；资本金投入比例同静态投资比例。

燃煤机组静态投资各年度比例 （单位：%）

机组	第 1 年	第 2 年	第 3 年	合计
2×350MW 新建	60	40	0	100
2×350MW 扩建	60	40	0	100
2×660MW 新建	40	50	10	100
2×660MW 扩建	60	40	0	100
2×1000MW 新建	30	40	30	100
2×1000MW 扩建	40	50	10	100

燃机静态投资各年度比例 （单位：%）

机组容量	第 1 年	第 2 年	合计
400MW 级（一拖一）	55	45	100
600MW 级（一拖一）	60	40	100

（3）参考电价中各类型机组均进行单机结算，比例如下表：

单 机 结 算 比 例　　　　（单位：%）

容量	性质	1号	2号	合计
2×350MW	新建	65	35	100
2×350MW	扩建	60	40	100
2×660MW	新建	60	40	100
2×660MW	扩建	58	42	100
2×1000MW	新建	60	40	100
2×1000MW	扩建	58	42	100
400MW级（一拖一）	新建	65	35	100
600MW级（一拖一）	新建	60	40	100

（4）各类型机组的建设工期根据《火力发电工程施工组织大纲设计导则》（DL/T 5519—2016）中的Ⅱ类地区确定，详见下表。测算时电厂每台机组从其投产年开始共运行20年。

燃煤机组建设工期　　　　（单位：月）

容量	性质	1号	2号
2×350MW	新建	22	24
2×350MW	扩建	20	22
2×660MW	新建	24	26
2×660MW	扩建	22	24
2×1000MW	新建	26	29
2×1000MW	扩建	24	27

燃机建设工期 （单位：月）

机组容量	性质	1号燃机	2号燃机
400MW级（一拖一）	新建	20	23
600MW级（一拖一）	新建	21	24

（5）资本金占动态投资的20%。

（6）长期贷款利率 4.3%，短期贷款利率和流动资金贷款利率3.65%。

（7）贷款年限（包括建设期）2×350MW 取 15 年；2×660MW、2×1000MW取18年；600MW和400MW级燃机取10年。

（8）固定资产形成率 95%，残值率 5%，折旧年限 15年，摊销年限10年。

（9）350MW 燃煤机组按供热机组考虑，2 台机组年发电量3150GWh，年供热量500万GJ；660MW 和 1000MW燃煤机组按纯凝机组考虑，年利用小时 4500h；投产年的利用小时按发电月数占全年月数比例计算。600MW 级燃机（供热）2台机组年发电量3833GWh，676万GJ；400MW级燃机（纯凝）年利用小时按3500小时计算；400MW级燃机（供热）2 台机组年发电量 3465GWh，年供热量 651万GJ。

（10）保险费率 0.25%；350MW 燃煤机组大修理费率2%，660MW 和 1000MW 燃煤机组大修理费率 1.5%，600MW级燃机大修理费率2.5%，400MW级燃机大修理费率3%。

（11）350MW 供热机组发电标煤耗取 267g/kWh、供热标煤耗 39kg/GJ，660MW 机组（超超临界）取 289g/kWh，1000MW（超超临界）机组取 286g/kWh；燃机 600MW 级（供热）气耗取 157Nm^3/MW、供热气耗取 29.9Nm^3/GJ，燃机 400MW 级（纯凝）发电气耗取 176Nm^3/MWh，燃机 400MW 级（供热）发电气耗取 160Nm^3/MWh、供热气耗取 32.8Nm^3/GJ。

（12）含税标煤价为 900 元/t；燃机含税气价 2.27 元/Nm^3。燃煤供热机组含税热价 45 元/GJ；燃机供热含税热价 60 元/GJ。

（13）职工人数 2×350MW 机组取 234 人，2×660MW 机组取 247 人，2×1000MW 机组取 300 人。400MW 级燃机职工人数取 100 人，600MW 级燃机取 200 人。

（14）职工工资取 5 万元/（人·年），福利劳保系数取 60%。

（15）水价按含税 0.5 元/t 计取。

（16）材料费 350MW 机组取 6 元/MWh，660MW 机组取 5 元/MWh，1000MW 机组取 4 元/MWh；燃机 600MW 级取 7 元/MWh，400MW 级取 8 元/MWh。

（17）其他费用 350MW 机组取 12 元/MWh，660MW 机组取 10 元/MWh，1000MW 机组取 8 元/MWh。燃机 600MW 级取 10 元/MWh，400MW 级取 12 元/MWh。

（18）350MW 供热燃煤机组发电厂用电率取 5.2%，供热厂用电取 11.26kWh/GJ；660MW（超临界）取 5.2%，1000MW 取 4.1%。另外，脱硫厂用电率 350MW 机组取 1.5%，660MW 机组取 1.1%，1000MW 取 0.7%。600MW 级燃机厂用电率取 1.19%，供热厂用电 1.64kWh/GJ；400MW 级燃机（供热）发电厂用电率取 1.82%，供热厂用电 5.94kWh/GJ；400MW 级燃机（纯凝）厂用电率取 2.0%。

（19）350MW 机组、660MW 机组和 1000MW 机组燃煤

含硫量按 1.3%。脱硫成本按耗用石灰石考虑，2×350MW 机组 8t/h，2×660MW 机组 16t/h，2×1000MW 机组 8t/h，石灰石含税价格 100 元/t。

（20）脱硝剂尿素的单价按含税 2000 元/t 计取。

（21）排污费用按超低排放水平与《中华人民共和国环境保护税法》中的北京地区税率计算。在年利用 4500h 时，350MW 超临界机组 $SO_2$166 万元/台炉·年，NO_x 158 万元/（台炉·年），烟尘 7 万元/台炉·年；660MW 超超临界机组 $SO_2$331 万元/（台炉·年），NO_x 316 万元/（台炉·年），烟尘 14 万元/（台炉·年）；1000MW 机组 $SO_2$497 万元/（台炉·年），NO_x 474 万元/（台炉·年），烟尘 21 万元/（台炉·年）。

（22）现金、应付账款等周转次数取 12 次/年。

（23）铺底流动资金占总流动资金的 30%。

（24）公积金取 10%，不计提公益金。

（25）所得税率取 25%。

（26）资本金内部收益率取 8%。

（二）限额设计参考造价指标参考电价

根据上述边界条件测算的电价结果如下：

限额设计控制指标参考电价一览表（燃煤机组）

机组等级	机组台数	建设性质	机组容量（MW）	静态投资	单位静态投资	动态投资	单位动态投资	动静比例	基本方案电价	敏感性分析								
										投资		资本金FIRR	运行小时（h）		煤价（元/t）			
										10%	−10%	10%	4000	5000	400	600	800	1200
单位	（台）		（MW）	（万元）	（元/kW）	（万元）	（元/kW）		（元/MWh）	含税电价（元/MWh）								
350MW国产供热超临界	2	新建	700	310582	4437	322408	4606	1.04	413.33	427.04	400.01	422.39	430.24	399.87	232.57	304.86	377.16	521.74
	2	扩建	700	265033	3786	273890	3913	1.03	392.49	404.05	381.27	399.73	406.74	381.13	211.75	284.03	356.31	500.88
660MW国产纯凝超超临界	2	新建	1320	506173	3835	523834	3968	1.03	411.12	421.9	400.69	416.59	425.36	399.73	256.1	318.1	380.09	504.08
	2	扩建	1320	433275	3282	449934	3409	1.04	397.04	406.29	388.08	401.98	409.5	387.08	241.95	303.98	366	490.05
1000MW国产纯凝超超临界	2	新建	2000	701279	3506	724736	3624	1.03	387.53	397.15	378.22	392.38	400.21	377.39	236.53	296.92	357.31	478.09
	2	扩建	2000	642548	3213	665803	3329	1.04	380.41	389.3	371.8	385.02	392.2	370.98	229.42	289.81	350.19	470.96

限额设计控制指标参考电价一览表（燃机）

机组等级	机组台数	建设性质	机组容量	静态投资	单位静态投资	动态投资	单位动态投资	动静比例	基本方案电价	敏感性分析						
										投资		资本金FIRR	利用小时		气价（元/Nm^3）	
										10%	−10%	10%	2500	5000	2	3
单位	（台）		（MW）	（万元）	（元/kW）	（万元）	（元/kW）		（元/MWh）	含税电价（元/MWh）						
600MW 等级燃气机组（9H 级供热）	一拖一	新建	1340	275580	2057	285762	2133	1.04	520.4	530.44	510.4	528.33	569.96	483.26	460.26	682.89
400MW 等级燃气机组（9F 级纯凝）	一拖一	新建	950	191953	2021	198171	2086	1.03	533.56	541.55	525.6	539.5	566.94	508.56	482.82	670.81
400MW 等级燃气机组（9F 级供热）	一拖一	新建	995	213628	2147	220548	2217	1.03	538.32	547.31	529.38	545.06	590.43	499.61	473.88	712.68

（三）参考电价构成

1. 参考电价构成一览表

机组内容	机组台数	机组性质	总容量	电价构成（%）					
单位	台		MW	燃料费	折旧	财务费用	净利润	所得税	其他
350MW国产供热燃煤机组	2	新建	700	65.47	10.61	3.35	5.77	1.94	12.85
	2	扩建	700	68.35	9.40	3.04	4.92	1.67	12.61
660MW国产超超临界燃煤机组	2	新建	1320	67.52	10.71	4.01	4.45	1.63	11.68
	2	扩建	1320	69.91	9.51	3.64	4.13	1.48	11.32
1000MW国产超超临界燃煤机组	2	新建	2000	69.77	10.20	3.79	4.30	1.49	10.45
	2	扩建	2000	71.08	9.53	3.60	4.03	1.45	10.31
650等级燃气机组（9H级供热）	一拖一	新建	1340	79.30	5.87	1.61	4.00	1.33	7.88
400MW等级燃气机组（9F级纯凝）	一拖一	新建	950	79.21	5.37	1.51	3.57	1.19	9.14
400MW等级燃气机组（9F级供热）	一拖一	新建	995	81.57	4.89	1.39	3.29	1.10	7.76

2. 参考电价构成示意图

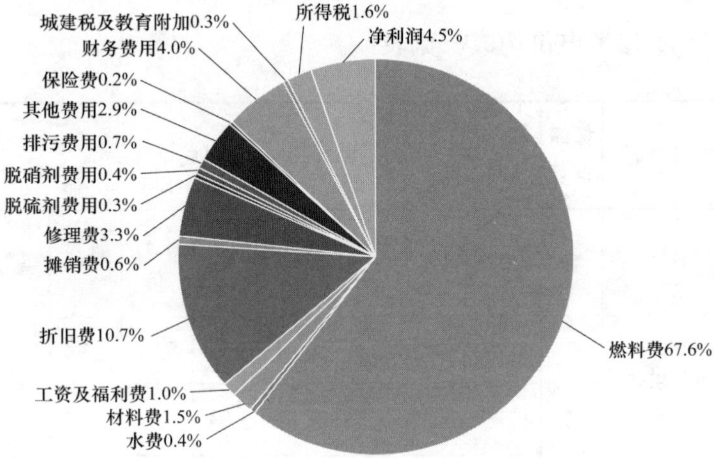

常规火电－燃煤机组电价构成示意图

注 不含增值税。利用小时 4500h，贷款利率 4.3%。按 2×660MW 超超临界新建机组测算。

附录一　与限额设计参考造价指标（2021年水平）的对比

（一）350MW机组参考造价指标对比

（单位：元/kW）

机组容量			2021年	2022年	造价变动幅度
350MW超临界供热	两台机组	新建	4328	4437	2.52%
		扩建	3672	3786	3.10%

（二）660MW机组参考造价指标对比

（单位：元/kW）

机组容量			2021年	2022年	造价变动幅度
660MW超超临界	两台机组	新建	3700	3835	3.65%
		扩建	3161	3282	3.83%

（三）1000MW机组参考造价指标对比

（单位：元/kW）

机组容量			2021年	2022年	造价变动幅度
1000MW超超临界	两台机组	新建	3373	3506	3.94%
		扩建	3083	3213	4.22%

（四）2021～2022 年部分结算性造价指数

机组类型	建筑工程费	设备购置费	装置性材料	安装工程费	其他费用	基本预备费	静态投资
350MW	–1.94%	8.06%	–0.67%	1.58%	–1.95%	2.44%	2.36%
660MW	–1.67%	10.02%	–1.16%	1.63%	–2.34%	3.51%	3.41%
1000MW	–2.52%	11.32%	–1.28%	1.70%	–2.91%	3.76%	3.73%

附录二　部 分 设 备 价 格

序号	设备名称	规格型号	单位	2022年参考价
一、垃圾电站				
	2×600t/d 垃圾焚烧炉＋25MW			
1	垃圾焚烧炉	单炉日处理能力为 600t 的垃圾焚烧炉及其所有附属设备和附件。	台	963
2	余热锅炉	额定蒸发量：≥59t/h，额定过热蒸汽压力：4.2MPa（a）额定过热蒸汽温度：405℃	台	2090
3	凝汽式汽轮发电机组	25MW，中温中压，3000r/min，额定进汽压力：3.8MPa（a），额定进汽温度：395℃	台	1020
4	垃圾渗滤液处理系统	预处理系统＋厌氧系统＋MBR 生化系统（两级）＋MBR 膜系统＋膜深度处理系统＋剩余污泥脱水系统＋STRO（或 DTRO）减量化处理系统＋除臭系统。处理规模为 450t/d	台	2999

续表

序号	设备名称	规格型号	单位	2022年参考价
二、30MW等级燃气机组				
1	燃气轮机	AGT25	台	7400
2	燃气轮发电机	QFRW28-2,额定功率28MW	台	
3	余热锅炉	高压蒸汽量33.31t/h，温度450℃	台	1750
4	蒸汽轮机	抽凝，LCZ10-4.7/1.3/445	台	1200
5	汽轮发电机	QFJ-12-2-10.5 最大输出功率16.5MW	台	270
6	背压机	LB4.5-4.7/1.3/445	台	650
7	汽轮发电机	型号QFJ-6-2-10.5，最大输出功率7.5MW	台	175
三、70MW等级燃气机组				
1	燃气轮机	燃气轮机（AE64.3A）	台	9687
2	燃气轮发电机	燃气轮机发电机（73.6MW）	台	1563
3	余热锅炉	双压、无补燃、自然循环、卧式、露天布置余热锅炉、附属设备以及有关的管道系统，预留脱硝	台	2320
4	蒸汽轮机	额定功率37.6MW	台	2106
5	汽轮发电机	额定功率37.6MW	台	393

编 审 人 员

审核人员

张 健 姜士宏 罗必雄 张 力

鲁 锋 冯志勇 许维明 董绿荷

熊 涛 张 宇

主 要 编 制 人 员

电力规划设计总院

刘 庆 贺 瑞 唐 飞 杨庆学

冉 巍 张会娟 宋 广 孙 蔷

任德刚 杨晓杰 王宏斌 王予英

戴 悦 陈 实 刘文辉 桂 波

苏燊燊 刘裕华

中国电力工程顾问集团有限公司

张炳成 李 超 黄晶晶 杨卧龙

东北电力设计院

苗终娜 刘文宇 闵 瑞 符胜男

章婷玉　单世娇　李　鹤　徐振宇

华东电力设计院

孟炜杰　朱瀛杰　周旭萍　徐莉娜

周一亮　陆　叶　钟佳玉　邓碧鹰

中南电力设计院

祝玉章　李国银　汤　雷　邱辉凌

林　骎　杨雪冰　张　尧　叶文昊

西北电力设计院

徐赟瑜　王　磊　高福东　胡金锋

黄　滢　陈文敏　冯天憨　郑东伟

西南电力设计院

黄晓莉　方　岗　陶承勇　蒋泓亮

郑世伟　邹　浩　李鹏成　赵静伊

华北电力设计院

李凌玲　王天健　毛　森　刘永峰

孔庆琦　曲世俊　王　芳　孙程辉

广东省电力设计院

韩　倩　王衣超